PETITE PHILOSOPHIE
DU VÉLO

Bernard Chambaz

PETITE PHILOSOPHIE DU VÉLO

Champs essais

Première édition parue aux éditions Milan, 2008.
© Flammarion, 2014, 2019, pour l'édition en « Champs ».
ISBN : 978-2-0814-8824-3

À la mémoire de Denis,
pour la petite route blanche de nos six ans
et la grande route du col Agnel

« Il fait froid, mais le vent est avec nous. Moi, je ne regarde plus rien, je pédale. C'est si agréable ! »

Cingria

Préambule

M. Jourdain ne faisait pas de vélo ni même de bicyclette. Et quand il faisait de la prose, c'était sans le savoir. Il avait un maître de philosophie qui lui enseignait le b.-a.-ba plutôt que le brouillamini des météores et des concepts. La philosophie se voyait assigner par notre gentilhomme un rôle essentiel : comment tourner un compliment. *Belle marquise, vos beaux yeux me font mourir d'amour* ou *D'amour mourir me font, belle marquise, vos beaux yeux* ? Il est vrai que la pauvre petite poitrine de Molière donnait déjà de la bande et que sa turquerie était commandée par le Roi-Soleil pour se consoler de la mort de Madame.

Par intuition, j'ai toujours pensé que le cycliste faisait de la philosophie sans forcément le savoir. Il suffit d'ailleurs d'ouvrir les yeux et de prêter l'oreille.

À quoi pensez-vous tout ce temps ? La question m'a souvent été posée à l'occasion de mes Grands Tours de trois semaines à vélo. Elle tend à démontrer le caractère fondamentalement optimiste de ceux qui pensent que l'homme est fait pour penser. À chaque fois, la même réponse m'est venue. À tout et à rien ! ce qui ne serait sans doute pas la plus mauvaise approche de la philosophie.

Préalable

La philosophie n'est pas l'histoire de la philosophie. Sinon on aurait pu se contenter de suivre les philosophes à vélo, Husserl dans les collines autour de Fribourg le dimanche matin, Kant dans la grand-rue de Königsberg tous les soirs à cinq heures, Socrate et Platon en tandem autour de l'agora. On se serait calé dans leur roue et on aurait admiré le paysage.

Il faut s'y faire. La philosophie, c'est la philosophie. Elle a donc affaire aux concepts. Quant au philosophe, il s'active du côté des concepts. Il s'y connaît, il s'y repère, il essaie d'en produire. Moi je ne suis pas philosophe, même si je ne m'interdis pas de temps à autre une pensée ou un sentiment plus ou moins raisonnables, et si j'ai, paraît-il, une certaine aptitude au bonheur. Par défaut, je suis écrivain et cycliste, et amoureux ; mais c'est *a priori* une autre histoire, même si c'est la même. Donc j'écris et je pédale et je vis.

Autant le postuler d'emblée : le vélo n'est pas un concept. Il n'a rien d'une idée abstraite – ce qui nous simplifie un peu la vie. Le vélo n'est pas non plus une notion. Encore qu'à bien y regarder, il y a une notion commune de vélo à tous les hommes et diverses notions du vélo selon les individus. Le vélo tiendrait davantage de la *chose*. Il semble en avoir les attributs, dans la mesure où il s'agit d'un être inanimé, d'un moyen dont on peut se servir, pouvant être possédé, ayant une valeur contre laquelle on pourrait l'échanger, comme autrefois le mari de Margo échangeant une toile de Wols contre un deux-roues motobécane.

Mais, bien entendu, il faut appeler les choses par leur nom.

Définition

Bien que le propre de la philosophie soit de s'étonner, on ne s'étonnera pas qu'il faille recourir à une définition de la chose ou, si l'on préfère, de l'objet. Mais définir ce qu'est une chose ou ce que signifie un mot constitue un exercice difficile ; tout le monde en a fait l'expérience.

Tout d'abord, il faut opérer une distinction fondamentale entre bicyclette et vélo, d'autant que la *doxa* tend à les confondre. D'après le dictionnaire, la bicyclette est un moyen de locomotion formé d'un cadre, de deux roues, d'un guidon et d'un pédalier, là où le vélo n'est pas grand-chose, sinon justement une bicyclette.

À ce point, je voudrais respectueusement faire observer aux descendants de Littré un évident manque de pratique. En effet, je plains le malheureux qui se lancerait sur les routes sans une selle et serait vite condamné à penser à autre chose qu'à tout et à rien. Par ailleurs, réduire le vélo à une bicyclette traduit une absolue méconnaissance du sujet.

Le cycle dispose d'un cadre, de deux roues, d'un guidon et d'une selle. Il apparaît au cours du XIXe siècle, hormis un dessin de Léonard de Vinci esquissé entre une bombarde et une branche de mûrier pour les beaux yeux d'on ne sait trop qui. Naturellement, la bicyclette a quelques ancêtres à faire valoir : bicycle, célérifère, draisienne et vélocipède, que l'on se permettra de laisser dans les limbes de l'histoire.

La nouveauté radicale tient au coup de génie du père Michaux quand il invente le pédalier, alors que Garibaldi passe la main au tandem Cavour / Victor-Emmanuel, et que Manet peint *La Musique aux Tuileries*.

Pierre Michaux avait un atelier de serrurerie et carrosserie. Il avait aussi trois fils, Ernest, Jules et Henri, et c'est Ernest qui donna à son père l'idée de fixer deux pédales à la roue avant. Malgré le nombre de chutes et de clavicules cassées, le projet séduisit. Michaux construisit deux modèles en cette année 1861, un millier huit ans plus tard pour le premier salon commercial du cycle et la première course Paris-Rouen, où deux cents concurrents eurent à en découdre avant de devoir épauler, l'été suivant, le fusil chassepot pour tenter d'enrayer l'attaque des Prussiens.

La bicyclette se reconnaît à son allure débonnaire. Je parie que c'est pour une bonne part une question de guidon. Elle a un guidon plat qui confère à celui ou celle qui la chevauche un air détaché des contingences sportives. Et je ne crois pas qu'une bicyclette puisse se targuer d'un guidon de course. En revanche, pour être franc, je roule parfois le dimanche avec des types posés sur un vélo à guidon plat. Toutefois ils sont bien obligés de faire comme tout le monde, mettre le nez dans le guidon dès que l'allure s'accélère sérieusement.

La bicyclette se caractérise aussi par une sonnette, par un garde-boue, par un porte-bagages, et par une largeur certaine des pneus et de la selle. On la reconnaîtra aussi dans les jolis noms dont ses usagers et ses admirateurs l'ont dotée. Bécane, clou, biclou, petite reine.

Quelle que soit l'allure, le vélo a à voir avec la rapidité. *Velox*. Étaient véloces les fantassins de César, les flammes de Lucrèce, les javelots de Virgile et les arbres de Pline.

Mon vélo aspire à la succession. Il corrobore la racine *vegeo* : « animer », « donner de la force ou le mouvement » (à mes jambes), « être vigoureux » et même être au principe de la vie. Il corrobore aussi le doublet *vigeo* : « être bien vivant ». Vigoureux, c'est une chose. Bien vivant, c'en est une autre. Et, à la lettre, c'est tout à fait ça. À vélo, je peux vérifier chaque jour que je ne prends pas encore le chemin du royaume de Pluton.

À notre époque, il faudrait opérer une autre distinction entre vélo tout-terrain (qui se dit VTT) et vélo tout court (qui reste par définition *le* vélo). Bien entendu, une définition n'est ni une description ni un inventaire. Depuis les *Topiques* d'Aristote, elle constitue une proposition qui énonce l'essence d'une chose ou d'un être. Et si, pour certains cyclistes, le vélo s'apparente davantage à la catégorie des êtres qu'à celle des choses, cette essence ne se compose pas moins du genre et des différences.

Objet

À l'occasion de *Jour de fête*, Doisneau a pris une photographie où l'on voit le facteur debout derrière sa bicyclette désossée, toutes les pièces posées en désordre sur le sol, y compris les vis et les écrous.

Sans que la liste des pièces soit exhaustive, voici par ordre alphabétique les composants ou, mieux encore – en terme de mécanique –, les composantes de l'engin : les câbles de frein et de dérailleur, le cadre, les cale-pieds, le carter, la chaîne, le dérailleur, les étriers de frein, la fourche, les freins, le guidon, les jantes, les leviers de changement de vitesse et de frein, les manivelles, les moyeux, les patins de frein, les pédales, le pédalier, les pignons, les plateaux, les pneumatiques et les chambres à air, la potence, les rayons, les roues, la selle, la tige de selle.

Par scrupule, je n'aurais garde d'oublier quelques pièces annexes : la béquille, qui, comme son nom l'indique, permet de béquiller la bicyclette et déroge au bon usage qui consiste à la poser avec la plus grande attention contre une palissade ou contre un mur ou contre un arbre ; les sacoches, dévolues au facteur et au randonneur ; les porte-bidons et les bidons, sans lesquels on descendrait vite de vélo.

D'ailleurs, sur le vélo, quelques pièces comme le timbre et le porte-bagages ont disparu. On est en droit de les considérer comme superflues. À ne pas confondre avec le compteur de vitesse et avec la Guidoline, dont on aura choisi amoureusement la couleur, qui apparaissent absolument nécessaires.

Parfois l'étymologie va droit au but. L'objet est ce qui est placé devant. Il va de soi que la préposition « devant » signifie devant un sujet, que l'objet se trouve donc en présence de ce sujet, qu'il est l'objet de sa perception. L'objet vélo convoque le sujet. Mais le but de l'opération est de monter « dessus », de sorte que l'objet et le sujet ne fassent qu'un.

Par ailleurs, le vélo suggère la possibilité d'une action, par exemple pédaler. Par une sorte de *cogito* pratique, je confère à l'objet « en soi » la forme de ma conscience « pour soi ». De ce point de vue altier, la phénoménologie affirme que toute conscience vise un objet, qu'elle est une projection dans le monde, qu'elle appelle à soi le sujet aussi bien que les sujets.

Sujet
(ils)

Il y a un garçon de six ans qui regarde le vélo rutilant dans la vitrine

Il y a un garçon de soixante ans qui contemple les vélos sur www.cyfac.fr

Il y a un poème avec ma selle exposée à la pluie

Il y a une bicyclette juste sous la ligne d'horizon

Il y a mon père devant moi sur un vélo violet

Il y a un abruti qui me demande si ma grand-mère fait du vélo

Il y a un vieux paysan fourbu qui pousse sa bicyclette contre un vent violent sur la route de Messine

Il y a le photographe ambulant dont la boîte à portraits tient par magie sur son guidon devant le château de Caserte

Il y a un vagabond assis sous un pin parasol à côté de son vélo

Il y a une jeune femme qui me double dans l'ascension d'un col des Dolomites

Il y a l'ombre des champions

Il y a des réparateurs, des voleurs, des constructeurs

Il y a les petites roues de Lou disparaissant sous le prunier japonais

Il y a un tandem à guidon chromé au fond du jardin

Il y a l'*Homo sapiens* découvrant la machine
Il y a l'*Homo sapiens sapiens* montant sur la machine
Il y a une pléiade de philosophes qui roulent de front

Sujet
(lui)

Geo Truzzi est le barbier des cadets de l'Académie militaire de Modène.

Je l'ai rencontré devant le séminaire bâti au milieu des bois dans les hauteurs du col d'Abetone : il est venu vers moi, s'est assis sur un banc pour reprendre son souffle, puis s'est relevé pour me parler. Il a commencé par l'essentiel, par ce qui nous réunit et nous sépare. Il ne peut plus faire de vélo, il n'a plus les jambes qu'il montre d'un geste d'autant plus désabusé qu'elles lui ont apporté beaucoup de joies, il n'a même plus le sens de l'équilibre, et la tristesse envahit ses yeux bleu nuit déjà ternis par la vieillesse ennemie, tout ça à cause d'un accident survenu il y a vingt-deux ans, une voiture qui l'a renversé alors qu'il roulait, la boîte crânienne lésée, le cerveau atteint dans ces facultés qui fondent notre liberté, sa vie partagée en deux, et, à soixante-douze ans, il persévère dans la seconde moitié. Il sort alors de la poche de son pantalon un portefeuille en cuir d'où déborde une liasse de bouts de papier, aide-mémoire pour l'épicerie, numéros de téléphone, *cartolina* pastel de la Vierge en extase, et il me tend une photocopie de coupure de presse où je le reconnais, debout à côté de son vélo, une main sur la selle, une autre sur le guidon, et très franchement il n'a pas tant vieilli, et quand je lui demande s'il peut me prêter la photocopie afin que je note deux, trois détails, il sort de son petit tas une feuille de papier jaunie qui voisine avec la Vierge, c'est la coupure de presse elle-même, pliée en deux pour tenir dans le portefeuille, il me la donne, j'ai bien compris, je la refuse, la photocopie m'ira très bien, il insiste, j'accepte. En contre-don, il s'octroie le plaisir de prendre mon vélo en main, il le soulève, il contemple les roues le dérailleur le pédalier, il caresse le cadre, il se retourne vers moi avec un regard dont personne, pas même un saint, ne saurait dire la part émerveillée et la part désespérée, et soudain, il se penche vers la selle et l'embrasse comme on embrasse une image sainte ou un objet de culte. Je me tais. Si je crois au hasard, il croit plutôt au destin et que Dieu nous a mis en présence ce matin. Je resterai là tout le temps néces-saire, et alors, sans un mot, il me signifie mon congé, il m'enjoint de reprendre la route qui est notre pain commun, il me tend la main en me tapotant le bras, et moi, sans réfléchir, je l'embrasse et lui, il me serre contre son cœur, et quand on se sépare, il a les yeux embués et je ne dois pas valoir beaucoup mieux. Il faut partir. Je monte sur le vélo qu'il me tient comme un entraîneur pour une course contre la montre. Je me retourne une fois pour lui adresser un salut, il s'est déjà amenuisé sous les sapins d'un vert assez noir, et puis je ne me retourne plus.

J'ai déjà raconté cette rencontre. Le sujet grammatical était alors un *tu* ; il est devenu *il* ; le texte en est naturel-lement affecté. Dans ce léger décentrement, on peut observer le fameux principe de différ*a*nce.

Cette rencontre dans les hauteurs du col d'Abetone viendrait confirmer la formule classique selon laquelle autrui est un moi qui n'est pas moi, mais un moi proche, nécessaire à la constitution permanente de ma conscience, sans qu'elle ait à se forger par la négation, au contraire. Le visage de Geo Truzzi aura ainsi été la figure à peine anticipée de l'*alter ego* et, si l'on voulait citer Levinas, « le pauvre par lequel je peux tout et à qui je dois tout ».

Sujet
(je)

À mes heures de moins en moins perdues, je suis *à vélo*.

Je le suis diversement.

À : ce n'est pas seulement parce que l'on n'y monte pas comme on monte *en* voiture mais qu'on l'enfourche comme on monte *à* cheval.

À peut s'entendre comme un complément de temps. *À* peut s'entendre comme un complément désignant non seulement un lieu, mais aussi une action. *À* peut s'entendre comme terme établissant une relation entre deux noms, comme on dit une bête à bon dieu. *À* peut s'entendre comme un simple complément de nom et souligner la relation du sujet à l'objet : je suis *à vélo* comme la boîte *à* lettres ou la tarte *aux* pommes.

Il arrive que la tarte soit au fromage et moi *à* ma table de travail.

Si je suis à vélo, c'est souvent en pensée, en rêve, en images ou en phrases. Par exemple, je suis en ce moment précis devant mon vélo ou, pour être exact, à côté de lui. Il est posé face à la bibliothèque où trône *Mon amour* écrit par Paul Cox, avec une guitare et des échasses en dessin, mais pas de bicyclette. Après mes vélos roses et mes vélos noirs, après mon beau vélo jaune citron, après mon Pinarello (qui rime avec vélo, pas à la perfection, mais qui rime), c'est un beau Cyfac blanc.

Demain je serai à vélo, sur la route, et quand je rentrerai, il retrouvera sa place contre la fenêtre, pour qu'il ne risque pas de s'envoler. Mais tout ça est très loin de contribuer à une théorie du sujet.

Quand il commence à rédiger son *Traité de la nature humaine*, Hume a le même âge qu'Anquetil lors de sa première victoire dans le Tour de France. Pour définir l'identité personnelle, il suggère « un faisceau ou une collection de perceptions différentes, qui se succèdent les unes aux autres avec une rapidité inconcevable » – ce qui laisserait penser que ce type a fait du vélo, mais sans doute a-t-il monté à cheval et tâté du galop (qui rime avec vélo, pas à la perfection, mais qui rime). Il ajoute aussitôt que ces perceptions « sont dans un flux et un mouvement perpétuels », ce qui convient bien à Anquetil, dont tous les exégètes ont loué l'exceptionnelle fluidité. Hume se montre réservé sur le sujet et même sur notre identité. De son point de vue, en descendant de vélo, je ne suis pas le même qu'en y montant. La nouvelle peut surprendre. Mais, à première vue, elle ne doit pas inquiéter.

En tout cas, le vélo provoque une sujétion. Si on la considère comme un état de dépendance, autant la rapporter à Baudelaire et à l'expansion des choses infinies, et reconnaître que loin de m'assujettir elle me laisse libre d'agir. Si on la considère comme un état d'indépendance, on apparaît non seulement libre d'agir mais dans la plénitude de l'être, l'égal de Dieu autant que faire se peut, c'est en tout cas l'avis de Bossuet.

Prédestination

Revenons à *Jour de fête*.

Rien ne m'empêche de rapprocher Tati de Shakespeare, le facteur de Sainte-Sévère-sur-Indre du roi Lear.

Tati tourne son film pendant la grossesse de ma mère et le montre aux habitants de Sainte-Sévère pour fêter ma naissance. Dès la scène II de l'acte I du *Roi Lear*, Edmond se moque de l'« admirable imbécillité du monde : bref, comme si tout le mal que nous faisons fût l'effet d'une intervention divine… Mon père a besogné ma mère sous la queue du Dragon et la Grande Ourse fut mon signe de nativité : et voilà ce qui ferait que je suis brutal et paillard. J'aurais été ce que je suis quand bien même l'astre le plus virginal de tout le firmament eût scintillé sur ma bâtardisation. »

Mes parents m'ont raconté que le clou de l'été 1948, où je fus conçu non plus comme concept mais comme être, avait été d'assister à l'arrivée victorieuse de Bartali à Briançon sous une pluie battante. J'apprendrai par ailleurs l'origine politique de cette victoire : un coup de téléphone du président du Conseil italien à son ami Gino, le priant de réaliser un miracle sur le Tour pour ramener la paix civile dans le pays au lendemain de l'attentat contre le secrétaire général du Parti communiste. Voilà qui me ferait accroire à une prédestination, si ce n'était une des pires inventions qui soient. Pourtant, je croise parfois le fer avec les jansénistes, mais c'est en vallée de Chevreuse, en haut de la côte de Port-Royal, au milieu des oiseaux.

En fait, « prédisposition » irait bien, s'il ne s'attachait surtout à définir un état physique ou mental apte à contracter certaines maladies, mais je me refuse à considérer mon inclination pour le vélo comme une maladie. Alors je me rabats sur « disposition », qui fait solide et sérieux, et qui reconnaît une faculté certaine à pédaler. Quant à la destination, elle est lointaine et inconnue. C'est là-bas. À la scène III de l'acte V, Edgar enjoint au capitaine : « Va ! Hâte-toi, sur ta vie. » Shakespeare reste le patron du peloton.

Prolégomènes

Un matin, le temps se suspendit un instant quand notre professeur de philosophie (Michel Deguy) employa un nouveau mot, prolégomènes, qui visait à introduire les *Prolégomènes à toute métaphysique future (qui voudra se présenter comme science)*. Le tout avait de quoi impressionner des garçons de seize dix-sept ans et nous laisser dans l'embarras, avant de regarder le professeur repartir sur son deux-roues, un Solex, qui lui conférait une allure de maître du monde. En deux heures, j'avais plus ou moins compris que ces prolégomènes étaient les notions préliminaires à l'étude d'une question ardue et assurément hardie, car il s'agissait de développer la connaissance « à partir de ses germes originels ».

Pour tout dire, j'ai commencé le vélo très tôt, calé dans un siège en métal émaillé de rouille sur le porte-bagages, et je suppose en avoir gardé quelque impression assez merveilleuse où un pan de ciel bleu venait compléter le paysage dessiné par la chemisette blanche de mon père.

Un peu plus tard, je suis monté – seul – sur un vélo. Le vélo, car c'était déjà un vélo et non une bicyclette, était bleu ciel et avait un guidon recourbé. C'était sur la terrasse devant la maison de mes grands-parents, en Dordogne, à une dizaine de kilomètres du célèbre homme de Cro-Magnon, qui m'en imposait. J'ai donné mes premiers coups de pédale, je suis sûrement tombé et j'ai éprouvé l'instabilité de la machine. Le bon vieux couple nature / culture a voulu que je persévère, et je me rappelle simplement le sentiment qui vous exalte de ne plus être tenu au col ou à la selle par une main discrète mais ferme, et la surprise soudain d'aller droit par la seule grâce du branle. Après quelques lignes droites qui ne suffirent pas très longtemps à mon bonheur, je me suis lancé dans un premier tour de terrasse, dans mes premières boucles.

Il se trouve que c'était à peu près l'époque où nous apprenions à écrire à l'école communale, à faire des lignes et des lignes de boucles, avec des pleins et des déliés qui seraient comme les variations du relief sous les roues, l'époque où nous commencions à assembler des syllabes voire des mots, à faire tenir des phrases en équilibre plus ou moins précaire. Alors on ne s'étonnera plus que le vélo et l'écriture aient partie liée.

Et l'on remarquera qu'à six sept ans, d'après Piaget, l'intelligence de l'enfant reste imprégnée d'un égocentrisme qui la caractérise. Le pli est pris.

Grandir

« C'est un peu après Rolleboise, en me retournant, que je vis la Panhard de Stella. »

Ainsi commence, à la façon d'un poème en prose, le chapitre V de *Champion cycliste*, cent quatre-vingt-huit pages, pas une de moins, signées Louison Bobet et parues dans la collection Bibliothèque verte pour mes dix ans. Louison n'était pas une fille mais le fils du boulanger de Saint-Méen, et les Boucles de la Seine organisées par le journal *L'Humanité* furent sa première victoire. Avant de l'avoir lu, mon domaine s'était déjà étendu à la petite route blanche en contrebas de la maison de mes grands-parents, puis à la route départementale qui tournoyait entre les maïs et les cailloutis. Un été, j'avais même eu la joie inoubliable d'une randonnée avec mon père. Malgré un lot de déceptions lié à la nature de la pente et au caractère inextinguible de la soif, j'avais découvert la magie de la route avec les trouées de lumière dans les bois de châtaigniers. Le monde leibnizien était déjà en place : monade, harmonie préétablie, calcul infinitésimal.

À bientôt dix ans, j'étais fin prêt pour l'aventure et la haute compétition. Je remplissais un cahier où j'inscrivais des légendes sous les photos des coureurs, que je collais à côté des classements, et je gagnais un championnat du monde dans les polders hollandais. Il ne me restait plus qu'à choisir entre champion cycliste et écrivain de champion(s) cyclistes(s). En parallèle, je disputais des Tours de France grâce à mes coureurs en plomb qui avançaient sur un tapis persan, j'encourageais une équipe de cinq coureurs choisis pour des raisons mystérieuses – Dotto, Lauredi, Forestier, Mahé, Privat. Au cœur de l'été, j'étais ravi par le critérium local, les fanions, la banderole d'arrivée, l'animation de la foule à l'approche des coureurs, l'impression fugitive de leur passage, l'intuition paradoxale que la vie passait à cette vitesse-là, le goût des bonbons qu'une voiture lançait sur son passage, la sonorité nasillarde du haut-parleur municipal qui annonçait les primes données par l'épicerie ou le bar-tabac du village. Le soir, j'avais du mal à m'endormir. Puis j'ai grandi. On en est tous à peu près là.

Enthousiasmé par l'épopée, j'ai tâté du vélo, mais il m'a fallu déchanter. Quels que fussent les stratagèmes pour amadouer le chronomètre, je restais loin des vitesses que j'avais imaginées, encore un peu plus loin des vitesses que l'on prêtait aux coureurs du critérium local pour la Saint-Louis. Il fallait me rendre à l'évidence, je n'allais pas plus vite en descente qu'eux à la montée. Malgré une déception immense et difficile à surmonter, je ne me montrais pas ingrat et continuais à vouer un culte au vélo. Toutefois j'en descendis, et je préférai donner libre cours à une passion aussi dévorante mais moins exigeante pour le ballon.

Ensuite, j'ai suivi le Tour de près ou de loin. J'ai laissé Eddy Merckx régner. À trente ans, pour la naissance de notre troisième fils, je ne sais quelle mouche m'a piqué : je me suis offert le Mercier rose framboise de Poulidor. Tout l'hiver, je l'ai contemplé et, à la belle saison, j'ai fini par l'enfourcher. Ce n'était pas beaucoup plus glorieux qu'entre dix et quinze ans, mais j'ai tout de même gravi l'Izoard, pour voir. Et j'ai vu. Alors, pendant deux décennies, pour mon plus grand bonheur, j'ai roulé ma bosse, en dilettante, sur pas mal de routes plus ou moins cabossées. La monade s'est ainsi développée à travers une infinité de perceptions insensibles et m'a ouvert au meilleur des mondes possibles.

Vieillir

Le vélo et la bicyclette témoignent leur bienveillance à la vieillesse.

Déjà, l'absence de chocs soulage les articulations et les tendons. Ensuite, c'est une activité où longtemps les plus âgés peuvent instruire les plus jeunes ou leur damer le pion. En prime, grâce à tout un attirail approprié, on y paraît moins vieux que son âge. Cependant, les plis de la peau n'en sont pas moins cruels.

Au début, on n'est concerné que très indirectement par ce qu'une espèce de litote nomme l'âge avancé. Ma première expérience remonte à trente ans ou trente et un, ce qui ne fait pas une grande différence. J'avais donc mon vélo rose tout neuf, j'avais monté le premier col de ma vie, je l'avais redescendu, exalté d'avoir gravi à la fois l'Izoard et le mythe Izoard, et je retournais à mon point de départ par la vallée où la moindre bosse me coûtait. Toujours aussi exalté mais fourbu, je remplissais mes bidons à la fontaine de Guillestre, quand un compère m'adressa la parole. Il me laissa venir, il me posa une question anodine à laquelle je m'empressai de répondre que je venais de *faire* l'Izoard et à laquelle à son tour il s'empressa de me dire qu'il venait d'*enchaîner* Vars et Izoard. L'admiration que je lui prodiguai n'était pas feinte, d'autant que, descendu de vélo, il ne ressemblait pas vraiment à un jeune homme. Aussitôt il enchaîna une deuxième question. Tu me donnes quel âge ? Je lui en donnais soixante-dix. Par courtoisie je lui répondis soixante-cinq. Le verdict était soixante-douze.

Ayant dit ce qu'il avait à dire, il enfourcha fièrement son vélo et disparut.

À la longue, je suis en passe de l'imiter. Avec un peu de chance, il suffirait de patienter jusqu'à l'été 2021. Il paraît que l'énergie finit quand même par s'amoindrir sinon se dissiper. Mais si la substance est bien ce qui demeure identique à soi quels que soient les accidents et les changements, quelle que soit l'apparence de la peau de mes mollets flétris, rien n'interdit à ma substance de continuer à se lancer à l'assaut des plus grands cols. Naturellement, c'est un leurre d'entraver la dégradation ou, plutôt, c'est pareil en moins triste, l'érosion de nos forces. La ralentir ? Je ne sais pas. En tout cas, c'est peut-être moins consentir à la vieillesse que la déjouer.

Être vieux, c'est quand les horizons deviennent limités. Le vélo ou la bicyclette permettent de compenser, à un rythme légèrement supérieur à celui de la marche à pied, tout en étant porté, par la machine et par le vent. Vieillir, c'est moins la vie qui s'en va que le temps-qui-nous-reste-qui-se-rétrécit-comme-peau-de-chagrin.

Cela dit, on a commencé à vieillir bien avant d'être vieux. Ainsi j'ai l'impression qu'il manque un verbe entre « grandir » et « vieillir », même à Montaigne quand il écrit que « l'homme marche entier vers son croît et son décroît ». L'homme qui ne vieillit pas, c'est une femme, et c'est très bien ainsi : à l'âge d'être grand-mère, bardée de titres comme un amiral de la flotte soviétique, la Longo n'en finissait pas de disputer la victoire à des gamines.

Vieillir ne nous rend ni plus rapide ni plus sage. Mais le temps cycliste relève d'une vision moderne. Il est du même ordre que le temps historique ou le temps hégé-

lien : il se réalise. Et s'il représente un principe de dégradation, il est aussi une puissance de projet. Dans la
mesure où la conscience anticipe, où elle est tournée /
penchée vers l'avenir, elle continue d'anticiper le réel.

Fatiguer

La fatigue n'est pas l'apanage ni un simple signe du vieillissement. On peut être jeune et fatigué, après un effort physique intense ou après une demi-heure de randonnée tranquille, selon le précepte aristotélicien qui postule que notre corps nous voue à la fatigue.

Le langage courant est propice à la philosophie quand il évoque une *sensation* de fatigue. Il l'est moins quand il considère que la fatigue nous tombe *dessus*, alors qu'elle provient du *dedans*, qu'elle traduit une certaine lourdeur, les cuisses et les paupières lourdes, le ventre vide. Il faudrait aussi s'entendre sur le sens du coup de pompe, qui n'est pas le cousin du coup de barre brutalement asséné par l'Homme au marteau mais plutôt le siphon qui nous a longuement vidés. Aux trois figures fondamentales de la fatigue analysées par Jean-Louis Chrétien, à savoir la grecque, la biblique, la nihiliste, je propose donc d'ajouter la cycliste, qui a sa singularité bien que ce soit toujours la même fatigue qui nous rende différent des dieux.

Souvent, j'ai éprouvé dès les premiers coups de pédale, dans la fraîcheur du matin, une allégresse qui se substitue à la fatigue du réveil. Somme toute, le vélo fabrique une fatigue qui défatigue. Cette bonne fatigue remplace la maussade, la forme de lassitude décrite chez Levinas par la parabole du Voyageur et son ombre, un Voyageur qui

voyage au moins depuis sa naissance : « L'existence projette une ombre qui la poursuit infatigablement. »

Levinas fait naître l'effort de la fatigue. Paradoxale-
ment, il rejoint la finesse de l'analyse de Descartes dans
une lettre adressée à la princesse Élizabeth, où, évoquant
les exercices, il signale une fatigue que l'on peut entendre
comme légère et qui nous permet de toucher une perfection du corps. C'est une chance voire un luxe que de
dépenser des ressources. Et non seulement la dépense
augmente encore les ressources, mais elle fortifie aussi la
force d'âme et confine à la joie.

Ce n'est évidemment pas le cas de l'ouvrier à sa tâche.
En fait, oui, c'est bien cela, fatiguer la fatigue, plutôt
qu'être fatigué.

Mourir

Il est rare que l'on meure de fatigue, même à la tâche. Mais on meurt à vélo.

La mort rôde.

On la frôle parfois, notamment dans les descentes de col, à près de cent à l'heure, et j'en conviens, ce n'est pas bien malin. Elle nous frôle trop souvent. Si d'aventure ces pages, qui s'adressent *a priori* aux cyclistes, venaient à finir leur course entre les mains d'un automobiliste, j'aimerais qu'il lise ces lignes avec attention. Le deux-roues n'est pas l'ennemi. Même s'il lui fait perdre un temps que l'on devine précieux. Je connais des individus de tous âges, en apparence affables, prêts à serrer délibérément un deux-roues pour qu'il échoue sur le bas-côté, voire dans le ravin. Il y a aussi des étourdis et des maladroits qui ne s'écartent pas quand ils doublent. Le rétroviseur est l'arme fatale. La question n'est pas statistique. Il suffit de penser que l'un d'entre nous figure à la rubrique chien écrasé.

Une chose est de mourir, une autre d'être mort.

Nos dernières volontés relèvent de la métaphysique en ce qu'elles envisagent l'au-delà. Ainsi le fils Vietto a-t-il dispersé un beau jour en haut d'un col les cendres de son père, le roi René, devenu une idole sans même une victoire prestigieuse. Le plus beau est qu'il ait gravi lui-même le col à vélo, les cendres dans le bidon. Ainsi le grand-père Nucera, qui pétrissait pour la crèche de Noël les santons des Rois mages à vélo sous la banderole d'arrivée à Bethléem, avait-il demandé pour son grand départ qu'on l'enterrât en costume du dimanche, cuissard, maillot, socquettes. Quant à Eugène Christophe, déjà célèbre avant la grande boucherie, premier porteur du maillot jaune canari en 1919, poussant sa bécane jusqu'à la présidence Pompidou, il souhaita être porté en terre avec sa toison d'or.

Depuis l'ami Hume, la métaphysique apparaît comme l'illusion de vouloir connaître ce qui est inaccessible à la connaissance humaine. Il nous reste cependant la possibilité de la conjuguer avec ces dernières volontés qui sont à la fois la dernière manifestation de la « volonté voulante » et un adieu au monde. Que le vélo nous distraie de la mort, aucun doute, qu'il nous y soustraie, aucune illusion.

Dieu

Dieu commande d'être bref. On pourrait s'en tenir à l'approche de Spinoza : substance infinie composée d'une infinité d'attributs. Mais ce serait une façon de « mettre la flèche ».

Pour l'essentiel, je me rappelle qu'Italo Zilioli allait prier avant les courses dans les églises et qu'il offrait parfois le bouquet du vainqueur à la Vierge. Le tout est d'y croire. Pour l'accessoire, je me souviens du hasard qui m'a conduit dans la crypte de Sant'Ambrogio, à la veille de mon deuxième Milan-Sanremo, et je suis resté fasciné par le squelette du saint martyr vêtu d'un maillot rose framboise comme le leader du classement général.

Dieu semble plus proche des grimpeurs. En ce sens, il obéit sans doute aux lois de la nature. Il délègue des anges et des aigles. Il distribue la grâce et les disgrâces. En tant que premier moteur, il a toujours son mot à dire.

Il arrive que le démiurge soit moins inspiré. L'expression « cela va Dieu sait comme » suggère l'abandon et rapproche le coureur de la voiture-balai. Sur les routes bretonnes, les calvaires rappellent les quatorze étapes du chemin de croix. Sur les routes flamandes, les cornettes sorties du monastère pour la kermesse applaudissent de bon cœur.

Lors d'une arrivée au sommet, au pied de la Madone qui veille sur la ville de Gênes, j'ai vu le vainqueur du jour, Leonardo Piepoli, laisser tomber l'icône qu'on lui avait confiée. Là-haut, l'ombre joyeuse de Nietzsche continue à planer. Pour autant, elle ne postule pas la mort de Dieu ni la perte des idéaux suprasensibles. À peine suggère-t-elle la notion de surhomme, le profil d'un homme qui s'est dépassé et s'est projeté vers la ligne à l'horizon.

Santé

On devrait s'étendre encore moins sur la santé que sur Dieu.

Il est à souhaiter qu'elle soit bonne et qu'elle le demeure. Elle n'est ni le contraire de la maladie ni à proprement parler un équilibre, par principe, précaire. Elle n'est pas davantage l'illusion d'être en forme – Anquetil en fit la démonstration. Le dictionnaire précise qu'un manchot peut avoir la santé. Pour autant, le vélo ne lui est pas recommandé.

Pascal résume la question en trois mots rédhibitoires : « Les maladies viennent. »

Inutile de monter sur une bicyclette pour des raisons d'hygiène, inutile d'en descendre pour de simples palpitations. En revanche, une sortie à vélo constitue un indice parfaitement provisoire mais sérieux.

On peut raconter ce que l'on veut et tourner les arguments comme on peut, la santé est le souverain bien.

Souveraineté

Dans son ouvrage *Le Complément de sujet*, Descombes mène une enquête sur le fait d'agir de soi-même.

Le vélo n'est pas au cœur du sujet, on s'en doute, encore qu'il y soit question de la conscience de marcher, qui n'est pas foncièrement différente de la conscience de *faire* du vélo – ou d'*être* à vélo (à travers cette différenciation, on perçoit déjà la question dans sa complexité).

Au-delà du champ politique, le sujet est susceptible de se diriger lui-même – se di-riger, c'est-à-dire être apte à se mouvoir en ligne droite par soi-même, « comme le pouvoir du *rex*, qui est de *regere fines* (littéralement, "tracer la ligne droite de la frontière") ». Mais la souveraineté consisterait également à tracer une ligne droite qui soit courbe ou qui prenne des chemins de traverse.

Repartant de Wittgenstein, *Le Complément de sujet* précise que ce pouvoir régalien revient à inventer un jeu, donner une règle, devenir en quelque sorte le « pouvoir instituant ». On a vite, à bicyclette, le sentiment d'être le roi du monde. Et on la baptise – la bicyclette – la « petite reine ». Comme tout roi, nous (nous) souhaitons la (bonne) santé – qui reste sinon le souverain bien, du moins un souverain bien-être.

Traverser

Qu'est-ce que l'on traverse ?

Selon le dictionnaire, il y a l'eau, un gué, les âges, une époque, une période de chance, le désert, un pays, les apparences et – si l'on veut – le miroir.

Après trois « tours » qui étaient aussi comme des tours de manège, j'aurai donc entrepris trois traversées : l'Italie sur les traces de Virgile, les USA *coast to coast* sur les traces de Thoreau, la route de Madrid à Stockholm sur les traces de Cendrars pour le centenaire de son *Transsibérien*. À chaque fois, il s'est agi d'une confirmation du principe sensationnel de Gassendi : « Je me promène donc je suis », dont la justesse me touche infiniment et qui prolonge avantageusement le *cogito* cartésien. On peut aussi y trouver l'amorce – voire l'origine – d'une longue phrase du livre quatrième des *Confessions*, dont le condensé a valeur de théorème : jamais je n'ai tant été moi qu'en voyage. Rousseau repense à son vagabondage sur la route de Turin. Somme toute, traverser serait une façon de se tenir au présent, de durer, de part en part, comme une idée, une image ou un mot vous traverse l'esprit.

Quoi qu'il en soit, Mme de Sévigné reste irremplaçable – quand elle écrit à sa fille : « Vous me manquez partout, et tout ce qui me fait souvenir de vous me traverse le cœur. »

Langage

La bicyclette et le vélo justifient l'éloge.

Mis à part les rares moments de découragement où on le donnerait au premier venu, le vélo nous engage à en dire du bien. En échange, il nous reste à essayer de bien dire ce qu'il en est. Lors de mon Tour de France, j'avais justement choisi la forme de l'éloge. Vingt étapes, vingt éloges, à commencer par celui du départ. Ensuite, il y eut notamment le vent, les pâtes, la justice, la lenteur, le chasse-mouches, les femmes, l'arrivée. À chacun d'inventer, au gré de ses promenades et de ses rencontres, les louanges qui lui paraissent appropriées.

Si la bicyclette a un vocabulaire singulier qu'elle partage avec le vélo et qui englobe un panorama assez large, si elle tient comme à la prunelle de ses yeux à quelques vocables qui n'appartiennent qu'à elle, comme le timbre de la sonnette, le vélo dispose d'une langue originale qui peut nécessiter des sous-titres. Il s'agit à la fois d'un glossaire et d'une espèce de dialecte, parfois poétique, d'autres fois seulement cocasse, souvent amusant. Malherbe, qui est le père de la langue classique, disait qu'il fallait chercher ses maîtres parmi les crocheteurs du Port-au-Foin.

On ne saurait être exhaustif. Il faut donc se limiter au petit bouquet d'une anthologie minimale.

Il y a l'éventail, qui est une méthode collective pour s'abriter du vent, et la bordure, quand l'éventail se casse, et le chasse-patate, quand on a été pris dans une bordure. Il y a aussi avoir les mains aux cocottes, être de travers et emballer pour sprinter.

Prendre les roues, c'est suivre un groupe d'au moins deux coureurs qui se détachent. Mais il faut bien s'entendre. Jadis, dans les Vosges gréseuses, je vaquais avec mon amoureuse ; je me retournai pour l'attendre et quand elle fut à portée de voix, je lui lançai un vaillant : « Prends ma roue ! » Elle l'entendit à la lettre. Sa roue avant toucha ma roue arrière. Le contact provoqua sa chute. Heureusement, tout s'était passé à une vitesse inoffensive, et il n'y eut pas plus de mal que de peur. Elle rendit le vélo à sa propriétaire sans manifester de rancune excessive. Bien qu'il n'y ait aucun rapport de cause à effet, nous ne sommes jamais retournés dans les Vosges. Par ailleurs, elle n'est jamais remontée à vélo, à l'exception d'une randonnée dans le désert d'Atacama, vingt ans après.

Sucer les roues, c'est rester dans les roues une fois qu'on les a prises, au sens figuré, et laisser les autres prodiguer les efforts.

Fumer la pipe laisse entendre une facilité de bon aloi.

Pointer le nez à la fenêtre signifie que l'on se montre à l'avant-garde du peloton et que l'on songe, peut-être, à porter une attaque.

Partir comme un avion, c'est porter cette attaque. C'est aussi gicler ou flinguer. En général, on a mis tout à droite, c'est-à-dire le plus grand développement possible, grand plateau et petit pignon. Mais il arrive que l'on coince. Alors il n'y a plus qu'à bâcher.

Certaines expressions sont désuètes. Par exemple, monter en pingouin ne se dit plus. Ça fait un bail que la danseuse a remplacé le pingouin. Si ce n'est pas aimable pour la danseuse, c'est flatteur pour le pingouin. Aujourd'hui, la sorcière aux dents vertes n'est plus qu'un lointain souvenir sans rapport éclatant avec les crevaisons. Et si l'hirondelle fait toujours le printemps, elle ne désigne plus l'agent de police un tantinet ridicule qui officiait juché sur une bicyclette de fonction.

Le mystère des noms propres dans la langue intrigue. Les noms des coureurs participent à ce paysage – Apo Lazaridès qui m'enchante, Sercu qui amusait mon père. La liste serait sans fin. Au-delà de leur vertu poétique, les mots du vélo montrent que nos propos sont des actes et pas seulement des propositions descriptives ou narratives. Cela dit, si ce sont bien les mots qui donnent à la pensée son existence réelle, la pratique du vélo, voire de la bicyclette, tendrait à confirmer l'intuition de l'existence d'une pensée sans langage qui repose au fond de nous.

C'est la langue, et non le langage, qui fait la « littérature ».

Voilà pourquoi il n'y a pas davantage d'écrivains-cyclistes que d'écrivains-voyageurs. En effet, il y a des écrivains qui voyagent et qui écrivent des livres sur leurs voyages, d'autres pas. Que des écrivains fassent du vélo et que des types qui font du vélo soient écrivains sont deux assertions distinctes.

Apparence

L'habit ne fait pas le moine.

Pour être plus précis, l'habit de moine ne fait pas le moine. En revanche, l'habit de cycliste fait le cycliste, car je suppose qu'il ne viendrait à personne l'idée de s'habiller en cycliste pour ses activités quotidiennes ou pour aller dans le monde. La tenue fait le cycliste comme elle fait le torero. À chacun son habit de lumière.

La tenue du cycliste lui permet de combiner l'apparence et l'essence. En cela, le cycliste est un philosophe contemporain. En tout cas, il se situe dans le champ de la philosophie contemporaine, pour laquelle « l'être d'un existant est ce qu'il paraît ». En tenue, je n'ai pas l'apparence d'un cycliste, je suis un cycliste.

Le cuissard est, si je puis dire, la soutane du cycliste. Au fond, une peau de chamois a la fonction essentielle de protéger les fesses et les fameux bijoux de famille. Il était jadis en laine, aujourd'hui en tissu synthétique. Le maillot dépend des goûts individuels. Ainsi le Baron noir ne roulera qu'en noir, et moi, j'aime le maillot rose qui va aussi bien avec mon vélo rose qu'avec mon vélo blanc. Le casque a heureusement remplacé le boudin d'autrefois et fait de nous un hoplite athénien.

En apparence, les chaussures sont le point faible. Le problème ne réside pas dans leur qualité d'efficacité ni dans leur qualité de couleur, car on peut chausser des gris anthracite et des bleu marine du meilleur effet ; non, ce sont les cales qui sont fixées à la semelle et, quand nous descendons de vélo, car nous finissons toujours par descendre de vélo, elles nous contraignent à marcher en canard.

Le bronzage n'est pas un simple vernis. Dès qu'il a retiré sa tenue, de préférence au cœur de l'été, le cycliste révèle non sans stoïcisme son état. Au rouge brique des jambes et des bras font contrepoint le torse, le bassin, le haut des bras et des cuisses blanc plâtreux. Cependant, en contrepartie, ce hâle si joliment doré ne disparaît jamais tout à fait pendant l'hiver.

L'élégance n'est pas affaire de faux-semblant. Elle se manifeste. Coppi en était le prototype à vélo. Mais le héron devenait un albatros dès qu'il descendait de machine. Koblet avait la chance d'être beau garçon ; il avait mis un terme à sa carrière avant que je ne commence la mienne, mais on parlait encore de son coup de pédale et de son coup de peigne. Le coup de peigne ne procède ni d'un patois helvète ni du dialecte cycliste. Le peigne est un vrai peigne, en ivoire, qu'il sortait de sa poche pour se recoiffer avant de franchir en vainqueur la ligne d'arrivée.

Le vélocipédiste n'a rien à envier au cycliste sur le plan vestimentaire. C'est sûrement son point de vue. Ou il s'en moque complètement, et visiblement, une évolution s'est dessinée en ce sens. Ou il est fier de ses pinces à vélo attachées au bas du mollet, de ses chaussettes en laine torsadées, voire de la chasuble fluo qui le rendra très apparent même par un épais brouillard.

Somme toute, Descartes devrait reprendre sa méditation sur le morceau de cire, l'étendre à la sphère cycliste afin de postuler que l'essence des choses – et des êtres – réside aussi dans les apparences sensibles quelle que soit la méfiance que la raison puisse éprouver à leur endroit.

Sans oublier que l'apparence a partie liée à l'apparition, *phaïnomaï*, donc à l'éblouissement phénoménal : Achille ou le torero ou le cycliste dans son habit de lumière.

Technique

Anquetil n'était pas à proprement parler un techni-cien. Un matin, il avait répondu au mécanicien qui lui demandait quels braquets il voulait pour une étape pyré-néenne : « Fais comme pour toi ! »

La technique pourtant fait rêver la moitié de l'huma-nité cycliste.

Il suffit d'écouter les bavardages d'un peloton ou les confidences d'un convive qui découvre, ravi, que vous faites du vélo. Les braquets et le cadre y ont la partie belle. Le millimétrage des tubes est un critère redoutable. Dans ces circonstances, il est difficile de ne pas décevoir.

Si la notion de technique renvoie d'abord à l'engin lui-même, elle renvoie aussi au bonhomme sur l'engin. Anquetil en ce sens était un technicien et un artiste. À défaut d'être doué, il nous reste les données issues d'un certain empirisme qui nous maintient dans les marges de Hume et nous permet de savoir d'où vient le vent, si un pneu est dégonflé, quel est le grain de la route, car il y a des chaussées roulantes et des pas roulantes, indépen-damment de la pente et du vent.

Mon père n'était pas un partisan avéré des idées innées ni des formes *a priori* de la connaissance. Un été, il me dispensa une leçon inoubliable. Elle consistait à ouvrir le genou pour négocier les virages dans les descentes. Je l'ai appliquée, j'ai pris goût à la descente, ce qui est banal, à la descente rapide, ce qui l'est moins, j'ai expérimenté les positions de recherche de vitesse, le dos rond, les coudes rentrés, le bassin derrière la selle, jusqu'à ce qu'un nid-de-poule malencontreux vînt me torpiller les joyeuses ou, pour rester technique, les burettes.

À supposer que l'on attende des conseils techniques, je me limiterai au strict minimum, qui s'adresse à toute la population cycliste : 1° ne pas faire d'écart, c'est-à-dire simplement ne pas changer brusquement de trajectoire, 2° jouer avec intelligence du dérailleur, c'est comme ça que Bernard Hinault est devenu champion du monde. *Techné* : « art », « habileté », qui conviennent bien au vélo. D'autant que ce moyen de locomotion n'a pas matière à inquiéter Heidegger, car s'il manifeste quelque chose de conquérant il ne manifeste rien d'impérieux – rien qui menace l'homme, rien qui le vide de ses qualités existentielles.

Technologie

On doit au photographe René Burri, dans le propédeutique *ABCdaire du vélo* de Christian Dufour et Jean Durry, une double page qui résume tout et renvoie la technologie à ce qu'elle est, à savoir un royaume secondaire. Sa photographie m'émeut. Juste sous mes yeux, il y a la moitié d'un guidon plat, les câbles de frein, une roue crantée, et juste devant moi le monde se tient en équilibre précaire : paysage ensoleillé composé d'une chaussée défoncée, d'un rebord de trottoir, de quelques touffes d'herbe, d'un pan de mur et d'une poignée d'arbres légèrement penchés vers la gauche avec un palmier.

En guise de technologie, il faudrait un Pirsig et son *Traité du zen et de l'entretien des motocyclettes*. Selon la méthode aristotélicienne, pendant sa longue chevauchée, Pirsig propose une énumération détaillée des éléments et des fonctions de la motocyclette. Il expose la logique des substances et, malgré son goût désespéré pour le *dharma*, il loue Aristote qui trouvait que le cheval mortel mangeant de l'herbe et transportant les hommes mérite beaucoup plus d'intérêt que l'idée de cheval, fixe et immuable, aimée par Platon.

Mon vélo mange du vent et me transporte. La technologie moderne ne m'inspire pas de commentaire particulier. En quelques indications, je m'en tiens aux pièces

principales : le cadre, droit ou plongeant, en acier, alumi-
nium, carbone, titane, ou composites, la pédale à cale-
pieds automatiques, le dérailleur qui peut compter
jusqu'à dix fois trois vitesses, un guidon en corne de
vache, la roue à rayons renforcés, à bâtons, lenticulaire,
le boyau quasi increvable.

Qu'ajouter ? La fourche à amortisseur du vélo tout-
terrain californien, le carter intégral protégeant la chaîne
de la bicyclette hollandaise et le vélo couché en carbone
de Zockra Factory, rencontré dans un séminaire de
l'École nationale supérieure des arts décoratifs, rue
d'Ulm. Aucun élément susceptible de modifier en pro-
fondeur l'équilibre de la nature, rien qui engage le *principe de responsabilité*.

Esthétique

Mon vélo est beau.

Tous mes vélos furent beaux.

Le vélo est beau en soi, plus ou moins beau mais foncièrement beau, la bicyclette aussi.

La chose ne se discute pas.

Mais le jugement relève d'un sentiment ou d'une sensation qui nous rappelle à bon escient l'étymologie du mot esthétique : ce que les sens peuvent percevoir. « Sans relation au sentiment du sujet, la beauté n'est rien en soi. » Ce ne sont pas seulement les coureurs du club qui le professent, c'est Kant dans sa *Critique de la faculté de juger*.

Chez mon ami Piero (della Francesca), on admirait déjà les rayons des roues du char dans le triomphe du comte d'Urbino. Duchamp inventera ensuite la roue de bicyclette comme œuvre d'art, une roue sans pneu fixée par la fourche sur un tabouret.

J'aime bien aussi le vélo de Braque, qui lui a fait de l'usage puisqu'il l'a daté 1941-1960, et la bécane de Dubuffet, parce qu'il faut de bons yeux pour la voir dans le paysage, sans oublier l'hommage à Jarry sculpté par Zadkine qui ne l'a pas volé (Jarry).

Le vélo de Kant était, si l'on peut dire, une tulipe. Il ne disait pas « les tulipes sont belles » mais « cette tulipe-ci est belle ». Si je juge qu'un objet est beau, par exemple mon vélo, ou cette tulipe, chacun a le droit d'éprouver le même sentiment subjectif qui fonde l'universalité du beau. Cependant, la question se complique un peu si je prétends qu'il est d'autant plus beau quand il est lié à une fin, comme traverser un beau paysage.

Platon se moquait d'une belle marmite. Il avait tort.

Conatus / énergie / effort

Conatus fait partie de ces mots qui sont comme un premier col avant qu'on l'ait gravi. S'il est préférable de ne pas le prendre à la légère, il ne s'agit pas non plus de se laisser impressionner. On dira simplement qu'il est la puissance de vivre, voire d'exister. En latin, il renvoie à l'effort, la poussée, la tendance, la tension. Le latin ne dit pas les pédales, Spinoza non plus, mais il définit le *conatus* comme l'effort d'un être pour persévérer dans son être.

Le verbe persévérer est un mot-clef. La persévérance est l'action de persister et le résultat de cette action, comme on loue la persévérance des arbres. Elle est aussi une qualité qui nous définit, qui nous a dotés d'une certaine ténacité, qui fait de nous des opiniâtres. Elle ne requiert pas nécessairement de la patience (je connais des opiniâtres impatients), mais un esprit de suite qui permette d'aller contre vents et marées, de tenir bon, avec sans doute quelque chose de sévère, mais régulier et résolu.

Ce *conatus* est une espèce d'énergie. Mais, depuis Aristote, on opère la distinction entre énergie en puissance (avant de partir) et énergie en acte (une fois parti), entre *energeia* et *dunamis*, cette double force qui a conduit Alexandre le Grand, le meilleur élève d'Aristote, jusqu'à l'Indus, et qui nous tient en éveil pour chacune de nos brèves anabases.

Par ailleurs, chacun sait que l'énergie cinétique se donne sous la forme mathématique $E = mc^2$, ce qui se perçoit plus ou moins bien à bicyclette mais ne nous fait pas avancer plus vite. Plus concrètement, nul ne peut se dispenser de prodiguer des efforts, de pousser sur les pédales, d'exercer une force qui tient à la fois de ma volonté et de mon instinct, de prendre une attitude qui me révèle à moi-même, et un jour, pourquoi pas, aboutir à ce qui, à force, se fait sans effort.

Le *conatus* n'est-il pas encore le mobile initial, le motif, ce qui nous met en mouvement, notre petit moteur personnel depuis la nuit des temps, ce que les philosophes nommaient jadis la cause première et où ils plaçaient Dieu. Mais il faut l'alimenter. Pas de sucre, pas d'essence, pas de moteur. Je ne risque pas d'oublier ma première ascension du Grand-Saint-Bernard, mon premier vélo noir parce que l'on venait de me voler mon vélo rose framboise, un vélo noir venu de chez Spinoza, une ascension lamentable, une heure entière pour les six derniers kilomètres, à quémander des morceaux de sucre auprès des touristes qui pique-niquaient sur des prairies émaillées de pâquerettes. Quant au mouvement, tout un chacun saisit qu'il est le principe même de notre devenir.

Besoin / désir

Bien qu'elle soit floue et mince, la limite existe entre besoin et désir. J'ai besoin de réparer ma chambre à air crevée, je ne le désire pas. J'éprouve le désir de rentrer chez moi par le boulevard Arago plutôt que par le boulevard de Port-Royal, je n'en ai pas le besoin.

Et peut-être l'intensité d'un désir transforme-t-elle ce désir en besoin ? L'un comme l'autre nous sont intrinsèques. Ils ne sont ni une futilité ni une frivolité, même si tel besoin ou tel désir est futile ou frivole. Ils témoignent de cette faculté qui est notre force motrice depuis Aristote.

Que le besoin soit une exigence née de la nature, je le comprends, dans la mesure où il est ce qui me pousse dehors, au-devant de mon existence. En matière de vélo, la chose est très simple, « basique » diraient les informaticiens : j'en ressens le besoin. Si je n'y vais pas, je ne me sens pas *bien*, c'est-à-dire pas au mieux de ce que je peux espérer pour ce jour. Et je sens ou crois sentir que le besoin est autant physique que physiologique et qu'intellectuel. Pourquoi mon intellect n'aurait-il pas envie de prendre l'air ?

Le dictionnaire des synonymes Lafaye érige une barrière entre besoin et désir, et se montre inquiétant à l'égard du désir réduit à un « entraînement fatal et passionné que l'on subit ». Les autres dictionnaires se rangent derrière cette barrière, où le désir renvoie, non sans justesse, au but, à l'attente, à l'espérance, au rêve, à la volonté. Puis ils alignent des tartines d'adjectifs pour le qualifier, quand ce n'est pas pour le disqualifier. À l'évidence, il n'est pas recommandé de prendre ses désirs pour la réalité – ce qui mériterait au moins d'être discuté. Et si une chose est sûre, à mes yeux, c'est que désirer n'est pas comme on nous le serine « tendre consciemment vers ce que l'on aimerait posséder », mais plutôt vers ce que l'on aimerait *être*, que ce soit à vélo sur la route, ou lu par un lecteur.

Pour leur part, les abrégés de philosophie tendent par commodité à accuser le caractère matériel du besoin au détriment de sa dimension existentielle. Néanmoins, ils mettent volontiers en exergue un *cycle* du désir éternellement recommencé qui constitue notre expérience la plus quotidienne. La vie nous enseigne que le désir est un manque d'être qui vise à être comblé, et qu'à travers le désir l'individu se réalise. Les livres nous apprennent tout bonnement qu'il est – depuis Spinoza – l'essence de l'homme.

Pour moi, le désir de *re-courir* devient un besoin davantage qu'un entraînement fatal et passionné. Tout du long, ce sera un immense plaisir. Ma profession de foi n'étonnera pas ceux qui pensent à juste titre que le plaisir est le désir en acte.

Plaisir

Naturellement, il y a des plaisirs moins exigeants.

Ils peuvent être aussi vifs. Par exemple, suivre un dimanche les voies sur berge avec Lou, Fausto, Claire, Thomas, Léo, les enfants de mes enfants, faire la course sur dix mètres, baguenauder, s'amuser ensemble bien que j'accuse cinquante ans de trop, y souscrire de bon cœur malgré le souvenir des balades équivalentes avec mes propres enfants, un souvenir à la fois doux et cruel parce qu'il est tout proche et à jamais lointain.

Il y a trente ans, j'ai emmené mes élèves de collège trois jours et trois nuits sur les bords de la Loire, garçons et filles, à vélo. Il y a vingt ans, j'ai emmené mes élèves de lycée dans les collines toscanes – quelques-uns avaient apporté leur vélo. J'en ai retenu leur plaisir et le mien de ce partage.

Plût au ciel ! Le bon vieil *utinam* des versions latines se plie à toutes les formes de climat. Le soleil me plaît, l'ombre me plaît, le crachin me plaît quand il distille une agréable buée, la pluie d'orage me plaît quand elle me trempe des pieds à la tête. Même la neige m'a plu – un matin d'août sur les pentes du versant nord du Galibier, saupoudré de sucre glacé, où il devenait impossible de se mettre en danseuse.

Sur deux roues, le plaisir est le remède à la douleur et à l'ennui. Il est une forme d'assentiment, comme cela même qui est agréable, harmonieux. Il ressemble au « ça me plaît » des enfants. Il prend place dans l'éventail entre la volupté et le contentement, comme l'entendait Descartes au détour d'une lettre à Christine de Suède. Il agite son propre éventail, s'offrant en *grand* ou en *menu*.

Le plaisir se doit de rester concis. Le plaisir cycliste respecte la nuance entre « ce qui vous plaît », c'est-à-dire ce qui vous donne du plaisir, et « ce qu'il vous plaît », c'est-à-dire ce que vous voudrez. Le cycliste monte à vélo ou à bicyclette et il pédale.

Sérénité / grâce

La sérénité ou, pour faire preuve d'une touche de réalisme, la quête de la sérénité est la meilleure raison de continuer à pédaler.

Sérénité est le mot qui s'est imposé à moi, assez tôt, pour caractériser cet état de plénitude que me donnait l'exercice du corps allié au vagabondage de l'esprit. Le ciel serein me semblait de bonne compagnie et de bon augure. Puis le mot allemand *Gelassenheit* m'a troublé à cause de son étymologie où je devinais la part d'abandon, avant que je ne sois rassuré de voir que chez Épictète elle était le bonheur en acte. Enfin j'aurai compris que le vide en était l'autre face.

Lors de mes expéditions au long cours, j'ai connu ce que l'on appelle l'état de grâce, qui correspond au comble de la sérénité. C'est ainsi, je n'ai aucun mérite, ça n'a rien de divin et encore moins de religieux. Il s'agit d'un sentiment d'immanence.

La transcendance suppose une ascension, ce qui s'élève au-delà (*trans*) ou à travers. La haute montagne constitue le cadre idéal. C'est le côté sublime de l'escalade. Le sublime est moins le territoire vers lequel je suis porté que le transport lui-même ; la transcendance serait donc le mouvement qui y conduit, et ainsi une forme d'existence. Tout là-haut, qui est tout aussi bien là-bas, je ne me retrouve pas absolument petit en comparaison de l'absolument grand qu'est le sublime, mais il me semble que, à titre exceptionnel et absolument provisoire, j'en suis (j'y suis).

Après coup, je lis qu'il y a selon Husserl une « transcendance dans l'immanence ». Je ne sais pas si je l'entends bien, mais ça ressemble peut-être un peu à la grâce.

Tristesse

À la réflexion, je m'en voudrais de laisser croire qu'il ne puisse pas y avoir de place pour la tristesse.

À vélo, un *sentiment* de tristesse peut vous envahir à tout moment, ce qui suffit à le distinguer de la *sensation* de fatigue, même si la tristesse peut souvent apparaître comme une conséquence de la fatigue. Elle est un affect. Personne n'a oublié que les affects sont la spécialité de Spinoza, et quand il écrit que la tristesse est « le passage de l'homme d'une plus grande à une moindre perfection », on croirait qu'il a fait du vélo, ou à tout le moins qu'il l'a anticipé en pensée – ce qui tendrait à démontrer la puissance un peu extravagante de ce que l'on nomme philosophie.

Par tristesse, bien entendu, je n'entends pas la tristesse de fond, celle qui précisément ne passe pas, ne se détache pas, une tristesse qui nous colle à la peau ou qui nous vient d'un malheur grand et avec laquelle on ne cesse de pédaler.

Alors à quoi ça ressemble ? Au sentiment d'une diminution de sa puissance d'agir ou de son énergie, par exemple quand on va moins vite que l'on ne voudrait sans raison objective, ou quand on est lâché par un groupe de coureurs, inexorablement, il n'y a pas d'adverbe plus exact, et on a beau faire contre mauvaise fortune bon cœur, il faut lever le pied, et on peine même si ce n'est pas lâcher pied ni se trouver en perdition. Pour être provisoire et n'affecter que le bout de route où l'on traîne sa misère, le sentiment est réel. Toutefois, ce caractère provisoire rend la tristesse relative, même si elle ne nous signifie pas moins une déperdition d'être.

Joie

La joie nous ramènerait donc sur le chemin de la perfection.

Et, c'est vrai, il y a quelque chose de joyeux dans le coup de pédale, une allégresse dans le simple fait de pédaler.

La joie dilate le cœur. Elle est exaltante et extensive. Elle étend l'espace et le temps, elle donne du souffle et, si le souffle est court, elle ne nous empêche pas le moins du monde d'être au large. Joie ou, sur un mode mineur, gaieté. Spinoza et Nietzsche sont aux premières loges, en tête du peloton, Rousseau calé dans leur roue avec son ambulante félicité.

On dit aussi bien « être *en* joie » et « être *à* la joie », variation qui reprendrait le doublon *en* vélo / *à* vélo. Respirer la joie de vivre est tout un programme, exigeant. Et j'attire l'attention sur la part implicite du vélo dans les expressions « rayonner de joie » et « être transporté de joie ».

Corps & âme

Le corps et l'âme vont de pair, ça va de soi.

Autrefois, les philosophes invoquaient volontiers la métaphore du pilote (mon âme *id est* ma conscience) en son navire (mon corps).

À vélo, on s'y donne tout entier, l'âme chevillée au corps pour reprendre une expression qui ne dit pas seulement l'aptitude à résister à des conditions de vie exigeantes mais aussi la jointure de deux éléments. À bicyclette, on donne de son corps à la mesure de son âme, on flâne, on se rend à un rendez-vous, et s'il est amoureux on a de la veine.

Personne ne devrait négliger la part de la *pneuma* et de la *psyché* dans la pratique du vélo, en balade comme en course. Il faut du souffle et des poumons ; c'est le soufflet de la respiration et la pompe du cœur, et toute la mécanique du corps qui prend l'air et transforme la matière en énergie. On fait avec la *psyché* et on ne fait jamais sans elle ; quelle qu'en soit la part biologique, elle n'est pas seulement la force d'âme mais elle doit composer avec toutes nos faiblesses.

Notre corps-et-âme est le principe de vie. Dans une note posthume, Freud risquait : « La psyché est étendue : n'en sait rien. » C'était poser que la *psyché* est corps, et que ça lui échappait. C'était la porte ouverte au retournement d'un corps psychique et à l'éminence du cerveau.

D'un beau coureur, on dit bien un jour qu'il anime la course, un autre jour qu'il fait corps avec son vélo.

Passion

« Violon d'Ingres » me plaît autant sinon davantage par son sens de la mesure, ou « hobby », qui est mieux qu'un passe-temps, ou « marotte » pour faire plaisir à Daninos qui le mérite.

À la réflexion, « passion » cerne assez bien ma relation au vélo. Sinon, je n'y passerais pas tant de temps et n'y consacrerais sûrement pas un nouveau livre. Pour être franc, il faut un certain degré de passion pour aller rouler alors que la neige se met à tomber.

Elle est une perturbation de l'âme, une belle perturbation, une émotion, une ardeur qui traduit la vitalité et l'intensité du sentiment. Elle n'a rien d'une souffrance, même quand *ça* devient pénible. Si je devais souffrir à vélo, je ferais autre chose. Les violons d'Ingres passionnants ne manquent pas.

En termes classiques, ma passion est une action du corps et / ou un mouvement de l'âme, que je subis et ne peux contrôler qu'en la satisfaisant. Hegel, lecteur de Diderot et des encyclopédistes, a formulé dans l'introduction à ses *Leçons sur la philosophie de l'histoire* une pensée qui s'est transformée en lieu commun : « Rien de grand ne s'est accompli dans le monde sans passion. » Hegel en personne a précisé que cette passion ne se pensait pas sans action.

Et personne ne disconviendra que le vélo est une passion habile à nous transporter.

Habitude

Je ne sais pas si l'habitude est la facilité qui naît de la répétition, parce qu'il n'est pas facile pour tout le monde d'embaucher à l'usine chaque matin à six heures, même en s'y rendant à bicyclette, mais je dois bien reconnaître que, à vélo, de la répétition du même geste nous vient une relative facilité.

« L'habitude est une seconde nature », dit-on. À la limite, elle serait donc la nature même. Mais quelle nature ? D'autant que l'on ne saurait sous-estimer la part culturelle de ce qui est ou est devenu un penchant. Par culture, je n'entends pas seulement la *générale* qui est pourtant un autre nom de l'humanisme et une mise en valeur(s) de l'individu en mesure d'accomplir la nature humaine. En ce sens, la culture se donne foncièrement comme articulation entre l'élan vital reçu de la nature à la naissance et l'effort qui nous pousse à acquérir une personnalité.

L'enfant qui a appris à faire du vélo n'oubliera jamais. Pourtant, tous les hivers le cycliste perd le coup de pédale comme un artisan perd la main, un pianiste son doigté, un joueur de tennis son toucher de balle – question d'accoutumance et d'entraînement. Cette habitude est à proprement parler de l'assiduité puisqu'il s'agit d'être assis, sur la selle, assidu *à* vélo, cavalier servant, ponctuel et diligent, dans son assiette, constant, obstiné. À condition de la débarrasser de son versant péjoratif, elle est encore à proprement parler une routine puisqu'elle se nourrit de la route et de son côté mécanique. Montaigne nous rappelle que c'est ainsi qu'il apprit la grammaire.

Sinon, je songe à quelques habitudes insignifiantes qui sont aussi des commodités. Par exemple, j'enfourche le vélo par la jambe gauche et je déchausse en premier le pied droit.

Et un vieux mot inhabituel me paraît soudain intéressant. Complexion. Autant dire la partie intégrante de l'ensemble des éléments qui me constituent et contribuent à mon équilibre général, celui de mon corps et, par extension, celui de mon humeur. Ainsi ce bougon de Flaubert notait-il dans ce qu'il a de meilleur, sa correspondance, qu'« il n'y a de continuellement bon que l'habitude d'un travail entêté ».

Enfin, l'habitude, c'est habiter le monde. Les poètes lui ajoutent notre *habitacle* provisoire et parfois mélancolique. L'existence est le simple fait d'être-là et de surgir dans le monde, tant-qu'on-est-là. Des deux côtés du Rhin et des deux côtés des Alpes, on joue de la même analogie, *wohnen / gewohnheit*, *abitare / abitudine*, habiter / habitude. À l'opposé, on trouve la désuétude. L'habitacle nous imposerait l'étrange et inaccoutumé *en* vélo. On peut toujours y réfléchir et l'expérimenter.

Espace

Va voir là-bas si j'y suis !

Cette injonction ancestrale m'a poursuivi. Pour ne pas dire qu'elle me poursuit encore. Même si j'ai compris ou cru comprendre, depuis le temps, que d'une certaine façon j'*y* suis forcément. Même si c'est à moi désormais que j'adresse l'injonction.

À vélo, l'espace est vraiment comme chez Kant une forme de la sensibilité. Mais il n'a rien d'*a priori* ni de passif ; il se donne en mouvement. Il n'est pas seulement l'espace parcouru, les quinze kilomètres entre chez moi et l'anneau de Longchamp, les quinze cents kilomètres entre Paris et Rome. Il est aussi l'espace que j'ai traversé, la région, les alentours. Il est encore l'espace où je me projette. Il corrobore l'étendue de mon corps et de mon être.

Mieux vaudrait recourir au patronage du bon d'Alembert, le même qui demandait à ses élèves de le croire sur ses quartiers de noblesse quand ils n'arrivaient plus à suivre une démonstration. D'Alembert suggérait de ne pas prendre parti dans le débat entre Newton et Leibniz, car « cette question de l'espace est obscure et inutile ». En effet, il est difficile de ne pas enchaîner les banalités : l'espace est continu, il est infini mais effrayant à la seule mesure de l'éternité qu'on lui prête, il a plusieurs dimensions, dont la quatrième qui est fondamentale, et postule ce fameux espace-temps où je me tiens, par excellence, à vélo.

Temps

« Tout ce qui a une fin n'est pas long. »

Ce n'est pas de Mark Twain, c'est de saint Augustin, le même qui pensait que le temps ne s'écoule que dans l'âme. Autant voir les choses ainsi, car il passe légèrement moins bien quand on apprend que le temps objectif de la simple seconde représente 9 192 631 770 périodes de l'onde électromagnétique émise ou absorbée par un atome de césium 133.

Il n'y a pas besoin d'être rapide comme une flèche pour éprouver la flèche du temps et le principe de l'irréversibilité. Le théorème de récurrence de Poincaré ne change rien à l'affaire : en cas de crevaison, je ne verrai jamais ma chambre à air se regonfler toute seule.

Il y a dans le temps du vélo quelque chose d'élastique et dans le roulement quelque chose du flottement, y compris dans l'attention que l'on porte aux choses. Être à vélo, c'est à la fois être à flot, être suspendu à ceci ou cela et être doué d'une certaine liberté de mouvement.

Certains peuvent penser que l'on perd son temps à vélo même si c'est du temps libre. Mais ce temps perdu, le temps passé sur le vélo, non pas les heures et les heures dites de selle qui seraient plutôt des heures de route, n'est pas plus perdu que le pain *perdu* ; c'est du temps recyclé, enrichi par la quantité innombrable de secondes passée à pédaler.

Quant au temps *retrouvé*, il faut déjà avoir trouvé le temps de le perdre si l'on veut avoir une chance de le retrouver. Pour ma part, je l'ai vécu dans une variation immédiate. En juillet 2003, je fais le Tour exactement comme les coureurs, étape après étape, une semaine avant eux ; en août, je le refais, le revis, le couche sur le papier. L'aventure me plaît tant que je recommence avec le Giro puis avec la Vuelta.

Enfin, le chronomètre est un appendice du cyclosportif. Il permet de savoir à tout instant à quelle vitesse exacte (concrète) on roule ; pour l'allure, on n'a pas besoin de chronomètre, on en a une *idée*. Il permet de prendre *mon* temps, d'établir, enregistrer, vérifier des temps de passage qui n'intéressent personne, bien qu'ils soient de la plus haute importance. La question est moins de gagner du temps que de se situer par rapport à un temps-étalon. Et naturellement, il s'agit de combattre l'évidence selon laquelle on aura bientôt fait son temps, l'angoisse d'être devenu définitivement vieux. En revanche, si je me balade, je prends mon temps sans me soucier de vitesse.

En quelque sorte, le vélo reprend à son compte la distinction opérée par Bergson entre le temps universel et mesurable et le sentiment intérieur de la durée. Il vient confirmer que le temps est consubstantiel à toute l'épaisseur de l'être, et que l'être n'a pas d'autre façon d'être que de devenir et, d'une façon ou d'une autre, de durer.

Durée

Elle justifie une place à part.

Elle n'est pas seulement une dimension ni une structure intime du temps. La conscience que j'en ai me comble. Elle est ce qui se maintient comme ce qui nous maintient.

À vélo, elle se traduit par une endurance où n'apparaît pas la notion d'effort dans sa forme pénible comme le signifie le verbe endurer. Elle est l'extension d'un présent de plusieurs heures, exceptionnellement de plusieurs jours ; elle l'est en acte, un *continuum* grâce auquel le passé immédiat n'est pas encore du passé et se trouve en contact quasi magnétique avec le futur, où l'instant est beaucoup plus qu'un instant ou une succession d'instants distincts. Elle est une dilatation, une bulle qui dit bien son nom, et qui confère un certain degré de justesse à l'expression insolite d'*en* vélo.

Bergson a évoqué la durée toute pure. Il a donné une définition qui me plaît : elle est la forme que prend la succession de nos états de conscience quand notre moi se laisse vivre, quand il s'abstient d'établir une séparation entre l'état présent et les états antérieurs.

La durée est une notion fluide, qui correspond au flux de notre identité. On peut alors songer à un confluent, se retrouver à bicyclette sur le pont où se mêlent les eaux de la Garonne et de la Dordogne ou, à plus petite échelle, de la Dordogne et de la Vézère ; on pourrait prendre aussi bien la Garonne et le Lot ou la Baïse, tout convient. Tout fleuve et toute rivière n'ont pas un cours homogène. On y observe des remous, des courants, des rapides. La durée serait ainsi la conscience que nous avons d'un temps hétérogène au fur et à mesure duquel les événements nous arrivent.

On peut résumer la chose en peu de mots : durer, c'est continuer d'être. On pourrait la résumer en moins de mots encore : durer, c'est être.

Échappée

S'échapper, c'est d'abord se détacher du peloton, prendre de l'avance qui se mesure en secondes ou minutes, et s'évalue en hectomètres ou kilomètres, puis c'est tenter de la préserver. L'échappée peut être brève ou au long cours, individuelle ou collective ; tous les coureurs en ont à leur palmarès. Quelques-unes ont marqué l'histoire du cyclisme. Un jour de canicule, Zaaf s'est même échappé en sens inverse après avoir été aspergé de vin rosé par d'innocents spectateurs.

Une échappée, c'est aussi un espace qui laisse voir quelque chose, c'est-à-dire un fragment de paysage, un espace ouvert, voire l'horizon. Le vélo ou la bicyclette représentent alors un poste d'observation idéal. Le miracle a lieu en permanence : un jour, dans l'échancrure d'une nature luxuriante, j'ai aperçu une lueur le long d'un méandre, et cette lueur m'a renvoyé au long poème de Mario Luzi, *Voyage terrestre et céleste de Simone Martini*, qui évoque « une lueur que le poisson ne comprend pas », un vers dont je perçois le sens en même temps qu'il m'échappe et que luit au fond de ma mémoire l'image du poisson volant.

L'échappée s'apparente à la fugue et même à la fuite si « fuir, ce n'est pas du tout renoncer aux actions, rien de plus actif qu'une fuite ». Dans son dialogue intitulé *De la supériorité de la littérature anglo-américaine,*

Deleuze reprend l'exemple de *Moby Dick* qui s'y connaissait en échappées au long cours. En fait, n'importe quel pédaleur vous le dira : s'échapper ce n'est pas sortir du monde, c'est aller au-devant.

Cela dit, une promenade, c'est une sortie, une escapade. Il s'agit moins de s'enfuir que prendre la clef des champs. Saint-Simon rapporte que la belle Mme Guyon « faisait des échappées » chez le duc de Bourgogne. Mais moi, quand je roule seul, comment m'échapper ?

Quant à « l'échapper belle », c'est l'échapper de justesse. Éviter la chute, le chien, la portière de voiture.

Nuit

La nuit porte conseil. Encore revêtu du somptueux uniforme des soldats du prince électeur de Bavière, le cavalier Descartes s'enferme une nuit d'hiver à l'intérieur d'un poêle où il découvre dans l'enthousiasme les fondements d'une science admirable.

Les cogitations du directeur de l'hebdomadaire bordelais *Véloce-sport* l'ont conduit à inventer la course à vélo Bordeaux-Paris, dont la première édition en 1891 fut gagnée par George Pilkington Mills devant deux autres sujets de Sa Majesté la reine Victoria. Vingt ans après, les coureurs prenaient au sortir de la nuit le sillage d'un *derny* pétaradant piloté par une espèce d'aviateur enveloppé d'un chandail à col roulé qui leur taillait la route jusqu'à la capitale. Dans ma jeunesse, ils le prenaient toujours. Depuis, la course a disparu du calendrier.

Alors, en juin 2004, je me lance avec six de mes copains de l'US Ivry qui m'ont fait miroiter les charmes incomparables de pareille expérience. Avec deux centaines de prétendants, on se lève à l'aube pour gagner le départ. On roule toute la journée, on boit on mange, on fait un peu la course avec les gars des autres clubs, on boit on mange, on s'arrête quand même pour évacuer les quelques gouttes qui ne sont pas passées par les pores de la peau. Le soir, on est sur des temps qui nous permettent d'espérer descendre sous la barre des vingt-quatre heures, mais l'un des nôtres casse son pédalier, et encore heureux que l'on ait un métallo parmi nous pour bricoler. On repart au bout d'une heure, le crépuscule finit par se pointer, et je ressens une émotion considérable à pédaler avec les vestiges de lumière dans les hautes branches des arbres à gauche et les ténèbres à droite, la nuit bientôt noire, la nuit « où les vaches sont noires » selon Hegel qui a beaucoup frayé avec l'oiseau de Minerve et laisse penser qu'à ce régime, l'heure de philosopher correspond forcément à l'heure de pédaler, une nuit sans lune qui conforte Kant dans l'idée que l'on y perd le sens de l'orientation. Mais il suffit d'allumer notre loupiote attachée à la potence du guidon ou, mieux, de rouler dans le pinceau des phares du camion qui nous escorte et balaie l'armée des spectres des deux côtés de la route. L'émotion devient plus sourde, on vérifie qu'en juin minuit n'est pas le milieu de la nuit et, à une heure, on pointe et on avale une soupe dans une ville endormie. On se maintient juste au-dessus de la barre des vingt-quatre heures, mais notre capitaine de route s'endort, et on a beau lui raconter des histoires pour éviter qu'il zigzague, rien n'y fait, il faut s'arrêter. On se couche sur un bas-côté, on compte les moutons et les étoiles, on se relève au bout d'une heure et demie, on engloutit un paquet de madeleines à l'orange, on pédale, on postule quelques grandes vérités sur la transcendance et le libre arbitre, on garde le silence, on garde aussi un œil sur la droite, car à la nuit il n'y a pas de raison que ne succède le jour et, en effet, les ténèbres s'effacent, le ciel s'éclaircit, puis un soleil rouge se lève sur la Beauce. On sacrifie à un brin de toilette, on repart, on attaque dans le dernier faux plat descendant, on arrive, on a une pensée pour Pilkington Mills et pour le bataillon des noctambules auquel on vient d'adhérer, on est beaucoup plus content que fatigué, on s'est payé six cent trente kilomètres d'une traite, une sacrée tirée.

L'expérience a été concluante. C'était pour voir, et j'ai vu. L'expérience dite externe (la perception) et l'expérience interne (la conscience) ont convergé et abouti au même constat. Ma connaissance du monde s'est étendue. Mon penchant empiriste en a été conforté. Mais mon esprit de système en a induit le projet de recommencer une *autre* nuit.

Jour

Ce n'est pas le jour qui porte conseil mais Horace, qui nous chante depuis deux mille ans *carpe diem*.

Il a raison, Horace.

C'est ce que je me répétais au petit jour quand la boule rouge se levait sur les blés. C'est ce que je me répétais et prolongeais en *carpe viam* sur les routes trans-alpines. C'est ce que je me répète dès que je suis à vélo. C'est ce que je me répète quand j'en descends.

Le vélo est une bonne école de la vie. Horace jouit et se réjouit de ce que nous offre la vie, car il ne s'agit pas de cueillir *le* jour mais ce qu'il y a *de* jour dans chaque jour – les roses, les balades en ville et dans son jardin, les roses sans trop se soucier qu'elles faneront un jour, car il ne fait aucun doute qu'elles faneront puisque la vie est éphémère. *Carpe diem* arrive impromptu dans le huitième et dernier vers de l'ode, après *fugerit invida / Aetas*, le futur antérieur de *fugerit* marquant la prompti-tude avec laquelle le temps nous échappe, après cette invitation à se hâter, et avant *quam minimum credula postero*, auquel il est adossé et qui vise à ne pas remettre au lendemain un plaisir qui peut être saisi aujourd'hui.

Sensations

« Avoir des sensations » est une façon de dire que l'on se sent dans un bon jour.

Un autre équivalent serait « avoir de bonnes jambes », si justement avoir des sensations ne disait pas davantage, si au-delà des jambes ces sensations ne venaient pas des reins, de la cage thoracique, des épaules, des bras, de la tête, si elles ne mettaient pas en branle la perception globale que nous avons de notre corps.

Faire du vélo, on s'en doute, ne met pas en jeu le seul sens de l'équilibre. Les cinq sens sont, si je puis dire, de sortie. Par leur biais, nous éprouvons un nombre considérable de données sensorielles élémentaires. Si toutes ne sont pas prises dans un processus de connaissance, certaines se manifestent au point de devenir une espèce de perception du fait de la conscience que l'on en a.

La vue est le sens le plus évident, le plus universel, dit Descartes, le plus immédiatement et le plus constamment sollicité. Elle nous permet d'appréhender les formes, les couleurs, la combe vert tendre en contrebas de la départementale ou le feu rouge au bout de l'avenue, elle nous permet d'embrasser sans même un coup d'œil la route et l'horizon. Il va de soi que la vue est à la fois le sens grâce auquel je vois, et l'étendue visible que je vois à travers mes lunettes de soleil. Elle est ce sens qui sans ostentation nous en met plein la vue.

L'ouïe est essentielle au vélo. Elle relaie et crée un monde sonore. On peut dire sans exagérer qu'un vélo chante. C'est vrai du roulement de la roue sur la route, et le pneu siffle sur la chaussée trempée par la pluie ; c'est vrai du peloton en course, et la cantilène s'amplifie quand tout le monde se tait parce que ça accélère. Les bruits du monde ne cessent de nous parvenir, en ville, sur le causse, dans la traversée d'une forêt ; j'ai même entendu l'eau couler à l'intérieur des congères. Toutefois, c'est assez mal vu de rouler sur un vélo qui fait du bruit à cause d'un pédalier ou d'un dérailleur déréglé. À bicyclette, les règles sont différentes. La sonnette témoigne d'une classe exquise. Et le léger ronflement de la dynamo d'antan fait rêver.

L'odorat n'est pas en reste. Il détecte le foin fraîchement coupé, le lisier, les gaz d'échappement, les tomates en train de sécher sur des claies, le goudron qui fond, le chèvrefeuille, le poulet à la broche quand on rentre par les bords de la Marne le dimanche midi.

Le goût se limite à la pincée de sel que j'ai mise dans l'eau de mon bidon, aux pâtes de coing, riz au lait et autres frais de bouche.

Le toucher n'a d'autre limite que l'étendue de mon propre corps : la Guidoline qui recouvre le guidon, le tissu du cuissard sur lequel je m'essuie la main, mes pieds-mes chaussures-mes pédales, le soleil sur les avant-bras ou la pluie sur les jambes, les gouttes de sueur dans les yeux, la jugulaire du casque, le revêtement de la route, le jour où j'ai fini une course sur les pavés mythiques de Paris-Roubaix secoué comme dans une machine à laver au moment de l'essorage.

Une place à part devrait être dévolue au vent, qui peut apparaître parfois comme un corps solide. S'il illustre le chapitre des illusions et des erreurs couramment perpétrées par les sens, il n'en est pas moins redoutable quand on l'a dans le nez, et agréable, dit Cingria, quand on l'a avec nous, c'est-à-dire dans le dos.

Le sixième sens, mieux vaut en disposer pour éviter les portières de voiture. Et, tout compte fait, j'aime bien cette idée, qui vient de Condillac, que les sensations sont comme des modifications de notre âme.

Perception

Par perception, nous pouvons supposer l'ensemble de nos sensations rassemblées – ce qu'Aristote nommait le « sens commun », dont le sens commun cycliste est une variante estimable. Ainsi, je perçois le monde et me perçois, roulant sur la partie droite de la route, entre des champs de tournesols, sous un soleil de plomb, dans un silence troué par des oiseaux.

La philosophie permet d'envisager en deux phrases ce que j'ai mis des années et des années à concevoir et à formuler à partir d'une intuition et d'une expérience immédiate plus facile à connaître dans les horizons les plus larges. « Je suis le paysage. » À la suite de Merleau-Ponty, disons que l'esprit se fait à travers le corps, et que la perception advient comme mode de l'ouverture au monde. À ce constat que je suis *dans* le paysage, prolongé dans le postulat selon lequel je suis *le* paysage, je peux dire désormais avec plus de justesse que j'*en* suis, que je suis *du* paysage, dans la mesure où je ne suis pas *tout* le paysage, d'autant que je n'en perçois pas toutes les faces. Ma conscience s'éveille ainsi comme sujet percevant dans un corps-à-corps avec le monde alentour où nous nous projetons ou nous sommes aspirés.

En ce sens, les phénomènes ne sont pas les seuls athlètes, hors du commun, capables d'un exploit phéno-ménal comme l'ascension vertigineuse d'un col ou un contre-la-montre à une allure hyperbolique, mais chacun d'entre nous en ce qu'il apparaît, visible parce que voyant. Enfin, je m'en voudrais d'oublier ce que Leibniz nomme les petites perceptions ou perceptions insensibles, qui participent à leur façon muette à ce mystérieux concert.

Mythologie

Toute société a besoin de mythes, et Roland Barthes n'hésitait pas à comparer le Tour de France à l'*Odyssée*. Le mythe est par principe un récit, transmis de génération en génération. Par exemple, moi qui suis né après la Seconde Guerre mondiale, je suis en mesure de raconter les faits d'armes de François Faber qui roulait avant la Première Guerre. Les aèdes du XXᵉ siècle furent d'abord des journalistes, car le sport ne serait pas tout à fait le sport sans les mots qui l'exaltent.

L'héritage grec et ses fables restent prépondérants. Le duo Coppi / Bartali campe tout en haut du panthéon grâce au parallèle Achille / Hector inspiré par Buzzati, qui se réjouit de faire résonner cet écho de l'*Iliade* pour ses lecteurs du *Corriere della sera*. En deux pages lumineuses, Malaparte souscrit à la même approche : « Chaque Oreste, avant même d'enfourcher sa première bicyclette, sait déjà qu'il aura son Pylade. » Les dieux et les héros se lèvent tôt le matin. Il arrive que les coureurs leur ressemblent. Ils sont alors à l'épreuve ou à l'agonie, ils livrent bataille parmi les éléments, ils affrontent l'adversité, font face à leur destin. Il y a aussi le vélo Alcyon de Faber, un vélo bleu clair qui devait être un heureux présage. Alcyon était la fille du roi des vents Éole et fut transformée en oiseau (alcyon).

On peut recourir à d'autres mythologies. Georges Briquet, qui fut la *voix* du Tour quand il n'y avait pas d'*image* en direct, se remémorant son enfance, considérait le vainqueur du premier Tour comme un héros qu'il situait entre Buffalo Bill et La Fontaine. Pour sa part, Merckx, l'ogre, émarge du côté des contes.

Si les mythes continuent aujourd'hui à être véhiculés tant bien que mal, ils n'ont plus la faculté de se renouveler. D'un certain point de vue, Armstrong pouvait postuler. Il a été septuple vainqueur du Tour, phénix qui renaît de ses cendres, qui mange son cancer, qui ruse comme Ulysse et ment comme Zeus, qui embrouille les pistes comme Hermès, qui s'est même senti rouler « comme si j'étais dans deux corps », qui va vite et se rend invisible comme Persée. Mais voilà, c'est tout bête, on n'y croit plus.

Heureusement, on peut toujours se reposer sur la figure familière de Nestor, le plus vieux des combattants achéens lors de la guerre de Troie. Nul besoin de le prier pour qu'il évoque avec nostalgie ses exploits d'antan. Alors, moi, Nestor, je serais prêt à vous raconter avec autant de détails que vous le souhaitez les trois Milan-Sanremo que j'ai courus, heureux comme un gamin, frayant avec le mythe.

Histoire

La bicyclette appartient à l'histoire.

Une histoire de la bicyclette, c'est bien. La bicyclette dans l'histoire et les histoires de bicyclette, c'est mieux.

Le moindre vélo fait événement.

En temps de paix, il y a Léopold, le roi des Belges qui finit tête la première au milieu des bruyères ; les hussards noirs, qui consacrent leur paie à acheter une bicyclette pour se rendre à l'école afin d'y dispenser des connaissances et les valeurs républicaines ; il y a les premières vacances du Front populaire, les congés payés, les auberges de jeunesse.

En temps de guerre, il y a les soldats du Viêt-minh qui poussent leurs vélos chargés de sacs de riz au sommet des montagnes dans la jungle ; il y a la rafle des citoyens juifs, le 17 juillet 1942, parqués par des policiers français au Vélodrome d'Hiver avant d'être envoyés en camp d'extermination.

Paul Ricœur affirme avec lucidité que l'histoire n'a pas l'ambition de faire revivre le passé, mais de le re-composer par l'analyse des relations entre les phénomènes distingués par l'historien en toute subjectivité. Une histoire de la bicyclette et du vélo saurait explorer ce champ et justifier l'avènement d'un sens. Et puis, ça ne devrait surprendre personne, l'histoire n'a pas plus de fin que la route. Demain sera un autre jour.

Géographie

Tout le monde vous le confirmerait, le Tour de France fut une formidable leçon de géographie.

Tout nous était merveilleusement offert, porté à notre connaissance par la magie des noms propres, les villes, les plaines, les collines, les montagnes, les départements. Avec un peu d'imagination, on ajoutait les nuages au-dessus des coureurs et les arbres que Louis XIV avait plantés sur le bord de la route. On avait loisir d'étendre la méthode aux autres tours nationaux ou régionaux, aux courses qui joignaient deux villes distantes d'un certain nombre de lieues.

Loin de se cantonner à une description du monde, la géographie voudrait prouver que ce qu'elle décrit est vrai. À mes yeux, si la connaissance consiste à penser ce qui est comme cela est, une question s'impose : est-ce que les noms ressemblent aux lieux ? Valparaiso, Arkhangelsk, Trois Ballons, Tourmalet, Loveland – je suis allé voir.

Pédaler prodigue un autre genre de leçon, plus ingrat mais non moins passionnant. C'est un peu ce que les géographes appellent « faire du terrain ». Arpenter les vallées, les moraines, les reliefs de côte, apprécier les variations de la végétation, des sols, de l'adret où il fait bon et de l'ubac où il vaut mieux se couvrir si l'on met pied à terre.

Les cartes font partie intégrante du bonheur vélocipédique. Avant de partir, on trace un itinéraire. On rêve sur la carte, on imagine, on évalue. Sur la route, on la sort de la poche de son maillot si l'on est à vélo, ou d'une sacoche si l'on est à bicyclette. On la déplie, pas trop s'il y a du vent, on se repère, on la replie, on repart. À l'arrivée, on contemple les quelques centimètres que l'on a parcourus.

Chaque année, le calendrier cycliste réserve en prélude le retour des mêmes noms vaguement mystérieux qui ne représentent qu'eux-mêmes. Het-Volk, Gand-Wevelgem, étoile de Bessèges. Puis les choses sérieuses commencent. Par ordre chronologique, il y a d'abord Paris-Nice, surnommé la « course au soleil ». Il y a ensuite les classiques et – à son firmament – Paris-Roubaix et ses pavés, sans lesquels, dit-on, le Nord ne serait pas le Nord. À la suite des classiques, il y a le Giro grâce auquel j'ai découvert le pays de mes rêves et la magie propre aux noms italiens. Puis vient le Critérium du Dauphiné, avec son nom à double consonance philosophique (le critère de l'expérience) et diététique (le gratin). Alors l'heure du Tour peut sonner. Une année sur deux, il va dans le sens des aiguilles d'une montre. L'année suivante, il va dans le sens contraire. La conséquence majeure, c'est que l'on passe d'abord les Alpes ou les Pyrénées. À ce tarif, on comprend que le Massif central ne nous soit pas apparu comme une vraie montagne. L'arrivée au puy de Dôme n'y peut rien. Vialatte l'avait bien dit : « À bicyclette, il est beaucoup plus haut que l'on ne pense. En revanche, à la descente il est plus petit. Il faut établir une moyenne. »

Jusque dans les rêves qu'elle nourrit, la géographie reste un maître de vérité.

Arithmétique

On a appris à peu près en même temps à pédaler et à écrire. Pareillement, on a appris à pédaler et à calculer.

L'arithmétique donne le rythme, un tempo, l'allure, qu'elle soit *allegro* ou *moderato*, la cadence, qui dit parfaitement le mouvement de la pédale qui descend, une musique qui plaisait à Platon. À bicyclette, on est entré dans le royaume des nombres. La progression est arithmétique quelles que soient, chaque jour, les variables. Et on a loisir d'appliquer les quatre opérations apprises à l'école élémentaire : additionner les kilomètres parcourus, les soustraire du total des kilomètres prévus, multiplier ou diviser le nombre de kilomètres pour savoir s'il m'en reste le double ou si j'en ai fait la moitié.

Parallèlement, le Tour de France entretenait pendant trois semaines chaque été cet engouement secret pour les mathématiques grâce à nombre de données. Il y avait le côté magique des numéros de dossard, épinglés à l'arrière du maillot et accrochés au cadre afin de démontrer que le coureur et le vélo étaient identifiés par le même numéro. Il y avait l'inépuisable registre des classements, le classement de l'étape, le classement général, le classement par points, avec tant de points pour le premier et tant pour les suivants, le classement par équipes récompensé par les casquettes jaunes, les écarts entre les coureurs – sans compter, au cours des étapes de montagne, le classement en haut des cols et les temps de passage.

Plus tard, en courant à côté de coureurs confirmés, je découvrirai leur sentiment des nombres en les écoutant résumer la course qu'ils ont disputée le dimanche précédent. Ils ne disent pas qu'ils ont fini deuxième, troisième, cinquième, mais *j'ai fait deux* ou *j'ai fait trois* ou *cinq*. On ne fait pas *un*, on gagne.

À la première occasion, je déclenche la machine à calculer ; c'est le côté pascalien de la bicyclette. Tout est bon pour l'énumération : je compte les vaches, les eucalyptus, les voitures dont le numéro d'immatriculation se termine par 9. Dans les cols, je me mets en danseuse et je compte mes coups de pédale. En général, je vais de 1 à 100, et quand je suis assez lucide, je me récite les noms des vainqueurs des Tours de France depuis les origines. Et alors je me rassois sur ma selle. En attendant de me remettre en danseuse.

Parfois, je me lance dans des opérations plus complexes, des fractions en rapport avec ma vie, des équations dont *je* suis toujours l'inconnue, des hypothèses où j'essaie d'intégrer le nombre *pi* lié à ma roue, des fonctions algébriques déroutantes. À force, je serais prêt à verser dans le calcul des probabilités. En fait, compter donne du rythme comme le vers dans la poésie. Mais si je compte de tête, je compte aussi en silence, car, très vite, la complexité des objets et des démonstrations mathématiques me laisse muet.

Physique / chimie

À bicyclette ou à vélo, nous sommes soumis aux mêmes lois de la physique. Parmi les nombreux chapitres de cette science rigoureuse, il me semble que nous relevons tout particulièrement de la mécanique, qui concerne le mouvement *et* l'équilibre des corps – c'est tout dire. Les subdivisions suggèrent la cinématique, la dynamique, la mécanique ondulatoire, la statique pour les pistards capables de faire du sur-place, c'est-à-dire rester immobiles un quart d'heure s'il le faut. Essayez quinze secondes si vous voulez voir.

À chaque coup de pédale, nous produisons un certain nombre de watts. À chaque coup de pédale, nous consommons aussi une certaine quantité d'oxygène, qui nous renvoie vers la leçon de chimie. L'exercice met à jour notre métabolisme, qui est l'ensemble de nos réactions biochimiques. Parmi ces réactions, les endorphines ont la part belle : ce sont les petites opiacées de fabrication personnelle que notre cerveau libère après un effort intense d'environ une heure. Elles participent de notre substance – que j'aime entendre à la façon de Kant, à savoir ce qui ne change pas dans ce qui change.

Revenons dans le champ de la physique, ajoutons les notions de force, de fréquence, de vitesse, sans oublier les frottements, la résistance de l'air et, au total, la dissipation de cette énergie que l'on pourra toujours mettre sur le compte de la loi d'entropie générale.

Il faut réserver une place à part à la loi de la gravitation universelle, donc au pommier de Newton qui nous permet de comprendre que si l'on tombe à vélo, c'est le même principe que le mouvement des marées. Nos premières expériences furent graduelles, indexées sur la quantité de Mercurochrome requise, de la simple estafilade au morceau de gigot resté sur le gravier.

Une place à part doit encore être réservée au ressort. En ce qui concerne l'être, il est ce qui le fait agir, se mouvoir, une énergie physique et morale qui révèle un élan vital. Avoir du ressort est fondamental à vélo. Et peu importe que l'inquiétude soit ou non le ressort de l'âme comme le conçoit Locke avant que Leibniz ne suggère que cette inquiétude est essentielle à la félicité des créatures et qu'elle vient des petites perceptions.

Enfin, l'accident est ce qui arrive, ce qui advient, ce qui est destiné à nous tomber dessus ou, plus exactement, à nous jeter à terre, la bûche plutôt que la tuile. On peut être renversé par un chien qui court derrière une voiture et qui vous saute dessus, vous vous retrouvez sur le bitume (première clavicule). On peut aussi tomber tout seul, une grosse bourrasque, une seule main sur le guidon, une bouse de vache, vous vous retrouvez derechef sur le bitume (deuxième clavicule). Je ne parle que de ce que je connais. Je sais que l'on peut aussi se casser le poignet, le scaphoïde, une ribambelle d'os qui finiraient par composer une leçon d'anatomie.

Sinon, sur chute, on collectionne les égratignures qui, en cicatrisant, font des croûtes. Cela veut dire que je suis mortel et que je suis un animal qui mue, puisque ma peau se reconstitue. Cela veut dire qu'au contact du sol ma chair a pris la mesure géologique du globe. « Cela veut dire que mon corps est fait de la même chair que le monde. » Merleau-Ponty l'inscrit noir sur blanc dans les notes de travail destinées à son grand livre. On est en mai 1960, Coppi vient de mourir, et Godard de tourner *À bout de souffle*. Merleau s'apprête à passer ses dernières vacances dans une maison en face de la Sainte-Victoire. Il y a une petite piscine dont il admire les jeux d'eau, et j'imagine une bicyclette posée contre un mur.

Mémoire

Je n'ai pas oublié que ma boutique de cycles préférée se trouve au 9 du boulevard Voltaire.

À part ça, Voltaire et vélo n'ont pas grand-chose à voir, sinon que le génie du *Dictionnaire philosophique* tient à son format portatif. On peut toujours le glisser dans la poche de son maillot et se reporter si on le souhaite à l'article Mémoire, s'il existe, ou à l'article Art dramatique : « … car ce qui touche le cœur se grave dans la mémoire. » C'est exactement cela.

On la suscite et on la subit.

Il y a donc la mémoire du corps : mon bras gauche se rappelle la brûlure que lui a infligée le soleil sur les routes ardéchoises surchauffées et me demande de le couvrir dès que le soleil se remet à cogner. Il y a aussi la mémoire du cerveau, qui n'est pas pour rien dans la mémoire du corps : par exemple, dans la longue côte de sept kilomètres qui me remonte à Calo, j'ai remarqué que je me mets en danseuse aux mêmes endroits.

La mémoire a ses étrangetés. Alors que je me rappelle avec une inquiétante précision l'itinéraire et la nature du ciel de toutes mes randonnées à vélo, rien à faire, je ne retrouve pas le lieu exact où j'ai crevé dans la descente du col Agnel, malgré la connaissance précise que j'en ai.

Repasser par les mêmes lieux à des années de distance démontre *a fortiori* combien notre mémoire est défaillante, à quel point nous sommes limités. Notre identité est tissée d'oubli. Locke est le premier à avoir arrimé l'identité à la conscience, à une représentation de la conscience qui laisse la possibilité de reconnaître ses failles davantage que ses erreurs. Le constat nous laisse devant ce vertige : dis-moi ce que tu oublies, je te dirai qui tu es.

Souvenir

Verbe intransitif (du plus loin qu'il m'en souvienne) et pronominal (se souvenir), *souvenir* induit une action. Dans le livre dixième, Augustin double la mise : « Je me souviens donc de m'être souvenu. » Mon expérience cycliste vient le confirmer.

Depuis longtemps, j'ai la conscience aiguë que la pratique du vélo est apte à susciter une fabrique de souvenirs. En ce sens, le précepte augustinien devient : je me souviendrai donc de moi me souvenant, et de quoi se souvenir sinon de tout et rien, de la route, de ce que l'on a vécu et laissé sur le bord de la route, du fameux miroir où nous avons été.

La nappe des souvenirs est une belle image. Mais quelle nappe ? Pas celle du pique-nique que l'on étend sur un tapis d'herbe ou de fleurs, blanche, ni même celle que l'on repliera, couverte de miettes de pain et de taches de vin. Elle ressemble davantage à la nappe des couches géologiques avec les souvenirs déposés dans ses plis. Pontalis, qui se rappelait avoir « appris à [monter] à bicyclette », tenait à distinguer le souvenir et la trace. C'était histoire de rappeler que nous roulons rarement sur des chemins de sable.

Et on n'est pas forcé de vouloir établir à chaque fois un *record* pour perpétuer un souvenir.

Générosité

Par principe, le cycliste est généreux. La plupart de ceux qui pédalent sont nobles de cœur. Cette noblesse, ils ne l'ont pas reçue à la naissance. Ils l'ont acquise à l'usage, et elle s'est révélée à eux, à l'occasion, sur un morceau de route ardu. Un jour, on se découvre généreux, on constate que l'on a le cœur sur la main, ou – plutôt – sous le pied. Le cycliste est généreux dans l'effort, et cette générosité révèle un aspect de sa personne. Néanmoins, il ne l'est pas nécessairement quand il descend de bécane. Poulidor, qui fut l'idole de la moitié de la France dans les années soixante, serait un assez bon exemple.

La générosité est partagée. En effet, elle n'est pas la grandeur, encore moins l'héroïsme ou la magnanimité. Achille et Hector sont des héros. Coppi et Bartali sont à leur image : c'est le coup de génie de Dino Buzzati quand il les suit sur le Giro 1949 et rédige son article la nuit du 10 juin à Pinerolo. Je m'avise aujourd'hui seulement de la tournure qu'il a choisie : « Nous avons appris qu'Hector avait été tué par Achille », ce qui n'est pas la même chose que si nous avions appris qu'Achille avait tué Hector, et dans cette différence, j'observe avec plaisir que « nous » sommes du côté des vaincus. Pour le reste, on peut être magnanime comme les seconds rôles de l'*Iliade*, Diomède et Antiloque, on peut être généreux comme le peloton des soldats achéens.

Si la générosité est une disposition à donner davantage que l'on est tenu de le faire, un don qui vaut mieux par le simple fait de donner que par ce que l'on donne, si elle consiste à pédaler de bon cœur dans les sorties en solitaire et à assurer des relais dans les sorties en club, elle se distingue aussi du courage. Bien entendu, générosité et courage ont en commun le cœur, mais le cycliste généreux n'a ni danger ni crainte à surmonter. En revanche, il faut de la bravoure pour rouler sous la neige, les doigts gelés, parfois au sens propre ; il a fallu de la bravoure à Bernard Hinault pour aller au bout des deux cent soixante kilomètres de Liège-Bastogne-Liège sous la neige, il en a fallu au moins autant à ceux qui ont terminé la course sans même la gagner. Sur cent soixante et onze au départ, ils n'étaient plus que vingt et un à l'arrivée. Cent dix avaient déjà renoncé avant deux heures de course en raison de la tempête, rafales glacées, route enneigée. On n'était pourtant pas l'hiver, mais déjà engagés d'un mois dans le printemps, le 20 avril 1980, la semaine où Sartre rejoignit Baudelaire au cimetière Montparnasse et n'eut plus affaire qu'au néant.

Ce n'était pas du courage le jour où je suis rentré, la clavicule cassée, une main sur le guidon, l'autre sur la cuisse. Il suffisait de pousser plus fort sur les pédales dans les côtes et de serrer les mâchoires quand la roue avant n'évitait pas les nids-de-poule. De toute façon, il fallait bien rentrer à la maison, et je me voyais un peu entrer dans la légende par la petite porte des légères infirmités.

Martin est un archétype de la générosité. Sans descendre de sa monture, il coupe son manteau en deux moitiés égales pour couvrir le démuni qui fait l'aumône par une nuit de neige où il gèle à pierre fendre sur les marges de l'Empire romain. Il a été un bon cavalier, un bon marcheur, un bon rameur. Il eût été, j'en suis sûr, un bon cycliste.

Humilité

« Ainsi, les plus généreux ont coutume d'être les plus humbles. » La transition va à merveille à Martin, mais son mérite revient à Descartes.

L'humilité s'impose. Elle n'a rien à voir, ou ne devrait avoir rien à voir avec l'humiliation qui est détestable ; que ce soit humilier ou se laisser humilier, ou s'humilier soi-même, que ce soit le discours stupide sur les sportifs humiliés par une défaite. En revanche, j'aime cette histoire de Brambilla dit la Brambille : quand il était mécontent de sa course, il laissait son lit au vélo et dormait par terre. L'humilité est le contrepoint de la générosité. Il ne s'agit pas de savoir ce que l'on vaut ou ce que l'on vaudrait (c'est encore une autre histoire), mais ce que vaut ce que l'on a fait, sans le surestimer. Le cas échéant, on peut le raconter, mais on ne doit pas « la ramener ».

Toutefois, rien n'empêche qu'elle se conjugue avec une pointe d'orgueil. D'après Spinoza, l'humilité est un état d'âme qui correspondrait assez bien à l'état latent du cycliste, quelle que soit son allure. Même en montagne, quand la route s'élève dans des paysages devenant sublimes, nous demeurons au ras des pâquerettes ou le nez au milieu des cailloux. Et puis, sans vouloir la minimiser, elle est une attitude prudente, voire nécessaire quand on sait que le coup de pompe guette à tout instant car, selon la formule consacrée, il y a des jours où l'on a beau aimer le vélo, eh bien, le vélo ne nous aime pas.

Amitié

Heureusement, on peut avoir des amis qui ne font pas de vélo. Le vélo n'en est pas moins un terrain idéal pour développer une amitié entre copains ou camarades. Jules Romains avait montré l'exemple avec ses copains en balade entre Ambert et Issoire. Jérôme K. Jérôme avait posté ses héros à vélo après les avoir menés en bateau.

Il apparaît aussi que la pratique favorise l'échange entre générations. Quand j'étais jeune, j'appréciais le contact de ceux que je nommais les anciens. Maintenant que je suis vieux, j'apprécie le contact des jeunes. Cela dit, le fond de l'affaire, ce sont toutes les histoires que nous pouvons nous raconter, c'est-à-dire le paysage historique et intime auquel nous sommes adossés. On conçoit qu'il s'agisse d'une expérience particulière que de converser, en roulant, assis sur une selle de vélo, au milieu des prairies ou d'une forêt, parler à un rythme soutenu de la révolution ou de l'irréversibilité du temps. Et quand je suis seul, je m'évertue à entretenir une amitié avec moi-même.

Depuis la fin de l'été 1992, tous les deux ans, je passe une petite semaine à traverser les Alpes en compagnie d'une dizaine de compères qui sont à la fois des copains de fortune et d'infortune, des camarades puisque nous partageons la même chambre et une espèce de fraternité, des amis si je m'en tiens à la vieille sentence grecque rappelée par Vernant : entre amis tout est commun. L'amitié est aussi ce qui nous rend semblables et égaux, malgré les différences entre nous, plus ou moins grands et petits, gros et maigres, rapides et lents, jeunes et vieux. En fait, nous avons la même route à suivre, les mêmes cols à monter et à descendre, les vivres à partager – et il faudrait ajouter la différence entre le gourmand et le frugal –, nous avons à peu près le même nombre de coups de pédale à donner et les mêmes données climatiques à affronter. Somme toute, le même lot quotidien nous échoit, « et plus que tout, c'est la ressemblance de ceux qui sont semblables en vertu ». C'est le point de vue d'Aristote, et si l'on entend par vertu l'effort que nous faisons pour persévérer dans notre être, c'est bien vu.

L'égalité n'empêche pas une forme de rivalité ou d'émulation qui ne vise ni au mérite ni à la gloire, mais au plaisir et au jeu. Les cyclos savent ce que représente une demi-roue voire un pneu d'avance sur l'ami qui roule à votre côté. Sans vouloir en diminuer le prix, cette amitié est de l'ordre de l'accointance – ou des accointances, dirait Montaigne, au pluriel. Ce qui nous réunit, c'est d'abord le vélo, mais le lien va bien au-delà. Si l'on parle du temps qui passe et du temps qu'il fait, on se comprend plutôt bien sans forcément se parler, et la chose n'est pas sans intérêt quand la pente s'accentue. Notre amitié se renforce d'année en année, en l'occurrence de deux ans en deux. Elle a donc un caractère cyclique. Elle tient à un gros paquetage en commun de souvenirs, d'expériences, et de valeurs dans le sens où ça *vaut* le coup de se crever la patate.

Ce n'est ni la ressemblance ni la différence qui fonde l'amitié. Ce n'est pas forcément le don, plutôt le partage, autant social que moral, une forme de dialogue qui se noue avec une acuité particulière sur la route. Quant à la fraternité, elle en est la pointe extrême, et elle prend un accent bouleversant dans *La Légende des cycles* de Jean-Noël Blanc.

Solitude

L'amitié n'empêche pas la solitude.

La solitude ne réside pas dans le fait ou le choix de rouler seul, en solitaire. Elle nous est inhérente. En ce sens, rien ne me paraît moins pertinent que cette maxime de Vauvenargues selon laquelle « la solitude est à l'esprit ce que la diète est au corps ».

Même si nous roulons côte à côte, ou grimpons un col ensemble, *mano a mano* ou à cent mètres l'un de l'autre, et que cet écart s'accentue ou diminue, l'autre ne respire ni ne pédale à ma place, pas davantage que moi à la sienne. La meilleure preuve, si c'en est une, résiderait dans la diversité de nos sensations et des milliers d'images qui nous traversent l'esprit.

Telle est notre condition ordinaire, ni heureuse ni malheureuse. Je ne suis pas sûr que ce soit même le prix à payer d'être soi. En revanche, je pense avec Comte-Sponville que nous sommes seuls à être ce que nous sommes et à vivre ce que nous vivons.

Si la vie ne nous l'a pas encore appris, la pratique du vélo y pourvoit. Il s'agit simplement de mieux comprendre comment on vit, donc comment on peut vivre. C'est en quoi elle est proprement philosophique.

Universalité

J'ai vu au cœur du désert du Rajasthan un vieil homme en robe blanche, droit comme un i sur une bicyclette toute neuve, une main posée sur le guidon, l'autre tenant un parapluie jaune fluo pour se protéger du soleil ; j'ai vu à Delhi des malheureux qui dorment sur leur vélo pour que l'on ne le leur vole pas, les pieds sur le guidon, les reins sur la selle, la nuque sur le banc de leur carriole ; j'ai vu une jeune fille et un jeune homme s'embrasser au feu rouge, au coin de Whangzu-lu ; j'ai vu un peloton de moines bouddhistes en robe orange sortir de l'enceinte d'un temple à Ceylan ; j'ai vu un solitaire en gants blancs longer les bambous du jardin de la Longévité à Kyoto ; j'ai vu l'empreinte d'un pneu de bicyclette sur la terre ocre d'une piste dans les parages d'Alice Springs ; j'ai vu des garçons de quinze ans multiplier les acrobaties sur une seule roue à Arkhangelsk à bientôt minuit face à la mer Blanche, et j'ai vu les mêmes sous les bananiers de la promenade de Sotchi au bord de la mer Noire ; j'ai vu les parkings à vélo bondés devant un musée d'Amsterdam ; j'ai vu un garçon en casquette accompagner à bicyclette une jeune fille qui courait sur le haut plateau éthiopien ; j'ai vu un gamin en djellaba sur un vieux clou rouillé faire le tour de la place centrale à Tombouctou ; j'ai vu un autre gamin porter un échafaudage de paniers sur les épaules dans une rue d'Alep ;

j'ai vu des coursiers, une hotte sur le dos, le sifflet à la bouche, slalomer entre les voitures dans la Ve Avenue ; j'ai vu une femme en robe rose sur une bicyclette noire devant la gare de Guayaquil ; j'ai roulé à vélo sur le *salar* d'Uyuni au milieu des monticules de sel à quatre mille mètres d'altitude ; j'ai vu la photographie de mon copain Roland qui franchit la frontière kirghize ; j'ai doublé à Grand Junction (Colorado) deux Helvètes qui descendaient de la frontière canadienne en vélo couché ; j'ai croisé des jeunes filles qui s'entraînaient du côté de la mer d'Azov ; j'ai aperçu à la sortie de Likköping une drôlesse qui transportait son caniche dans un panier posé sur le guidon ; j'ai vu l'avenue bordée de lauriers-roses où se jugeait l'arrivée du tour d'Azerbaïdjan à Tabriz ; à Lisbonne j'ai rêvé d'un fixie à jantes vertes ; et j'ai lu que Pierre Bettencourt avait vendu son vélo en Océanie à un indigène qui était reparti tout nu au milieu de la brousse.

Etc.

Universel doit cependant être entendu dans un sens restreint, adéquat à ce résumé aléatoire. Si la praxis de la bicyclette s'étend à toute la surface de la terre, elle ne concerne pas la totalité des individus, sinon ceux de la classe cycliste. Autant rester fidèle à la racine latine, *universalis*, relatif au tout, à l'ensemble, donc à la singularité de tous ceux ou plutôt de chacun de ceux qui forment le peloton des postulants à l'universel concret hégélien.

Humanisme

Il arrive que l'humanisme soit décrié, il arrive même que l'on se réclame d'un anti-humanisme de bon ton. C'est oublier, un peu vite, la leçon prodiguée dès le XIVe siècle par toute une pléiade d'artistes et de philosophes qui agitaient les jambes joyeusement.

Pétrarque, on le sait, a gravi le Ventoux. Il l'a non seulement gravi, ce qui est déjà un événement, mais il a raconté son ascension. À peine redescendu, il a adressé une longue lettre de compte-rendu à un père augustinien, non sans préciser qu'il avait lu au sommet quelques pages des *Confessions*, qu'il avait donc portées ou fait porter par son sherpa. Il est monté par le versant nord, celui de Malaucène, avec les chênes verts qui font des teintes de vieille huile, et il a beaucoup transpiré. Certes, la fatigue est le maître mot de l'ascension, mais on devine qu'il a éprouvé l'intuition qu'aller voir, c'est aussi aller être, et alors quoi d'autre soi-même qu'un morceau de paysage. Pétrarque se définissait comme un *peregrinus*, le « voyageur », celui qui va par monts et par vaux, plutôt à l'étranger, rappelant les variations latines de *où* : *d'où* je viens, *où* je vais, *par où* je suis passé, *où* je suis.

Érasme portait un bonnet parce qu'il avait lu que l'on perdait 20 % de sa chaleur par la tête. Pour la même raison, les coureurs enlèvent parfois leur casque dans l'ascension du Ventoux. En tout cas, il improvise et compose son *Éloge de la folie* pour se distraire parce qu'il passe sa journée à cheval, afin de franchir les Alpes. Érasme, je l'ai retrouvé à Bâle, l'été 2013, lors de ma traversée Madrid-Stockholm. Il n'avait pas vieilli, il relisait ses classiques, il n'aurait pas désavoué le titre du texte auquel elle a donné lieu, *La Diagonale du fou*.

Marchandise

Le vélo tient sa place dans la grande galerie des marchandises.

Naguère, la *Contribution à la critique de l'économie politique* faisait briller de mille feux la magie de l'argent et la métamorphose des marchandises. Bien qu'il fût sans le sou, Marx y pourvoyait par tout un système d'équations et d'équivalences : 20 mètres de toile = 40 livres de café = ½ tonne de fer = 2 onces d'or = on pourrait ajouter un cadre de vélo en alu.

Jadis, le vélo me dispensa une leçon de théorie des classes. À ma droite, sur la grand-place du chef-lieu de canton, le marchand de cycles et de motocyclettes, en blouse blanche, dépositaire d'une grande marque, installé derrière une grande vitrine et une grande caisse enregistreuse clinquante. À ma gauche, dans une petite échoppe en retrait de la rue, un réparateur en combinaison maculée de cambouis, voué aux menues réparations, chambres à air crevées, roues voilées, dérailleurs déréglés, pour une poignée de centimes qu'il lançait dans un tiroir crasseux.

Aujourd'hui, on observe l'arrivée sur le marché de nouveaux « produits ». Le vélo à assistance électrique, dit VAE, n'a donc plus grand-chose de la bicyclette sinon le squelette, et il se défend d'être un vélo de paresseux au lieu de se lancer dans un éloge de la paresse et des moyens de locomotion à moteur. La réclame pour un vélo Hermès laisse pantois : le cadre, la selle et les poignées sont gainés de taurillon clémence couleur havane. Pour qui l'ignorerait, le taurillon clémence est un cuir très souple, et pour qui pourrait ouvrir les cordons de sa bourse, le prix est de 2 650 euros, roupie de sansonnet en comparaison du vélo Chanel, à 8 900 euros. Il est vrai qu'à ce prix-là, vous aurez le plaisir d'avoir une pompe gainée en cuir matelassé.

À ce compte, je me sens en dette. Pour augmenter sensiblement la valeur marchande de cette petite philosophie du vélo, je prodigue un conseil judicieux et salutaire au vélocipédiste urbain : regardez attentivement les roues avant du véhicule que vous vous apprêtez à doubler ! Le cas échéant, vous pourrez anticiper un éventuel coup de volant.

Un autre conseil résulte de mes observations matinales à l'heure où les parents accompagnent à bicyclette les enfants à l'école, et devrait faire de ce livre un bréviaire. Même si vous ne voulez pas porter de casque parce que c'est contraire à votre conception de l'élégance et de la liberté, obligez votre enfant à en porter un !

Somme toute, Marx a quelque chose de rassurant. On consent volontiers à ce que la marchandise soit l'objet de besoins humains, et même qu'elle soit un moyen de subsistance au sens le plus large du mot. D'ailleurs, il se place lui-même sous l'autorité des économistes anglais pour la définir comme « une chose quelconque, nécessaire, utile ou agréable à la vie ». Puis il se place sous l'autorité d'Aristote pour considérer les deux usages de la sandale ou de la bicyclette : sa valeur d'usage à proprement parler et sa valeur marchande. En revanche, il élabore tout seul la question du temps de travail comme substance de la marchandise. Et il nous laisse le soin d'évoquer sa valeur symbolique. Non seulement mon vélo symbolise les valeurs que je veux bien lui prêter, mais, sous un certain angle, *j'en* suis la moitié.

Liberté

La mode du Vélib' me laisse perplexe. Si elle permet à chacun de se décider spontanément, bravo. Si elle supplée aux déficiences des transports en commun, tant mieux. Si elle crée du lien social, comme on dit, pourquoi pas. Mais on se targue d'une évolution « sociétale » et l'on recycle tous les poncifs. À son tour, la capitale a livré à la discrétion de ses habitants dix mille bicyclettes l'été 2007. Ajoutez à ce nouveau tableau de Paris des couloirs et des pistes cyclables qui sont des coupe-gorge, sans oublier les rues étroites que les inconscients sont invités à prendre à contresens.

Par acquit de conscience, je rappelle que naguère les soixante-huitards réclamaient un million de vélos à usage libre en plus des transports publics gratuits et la destruction pure et simple du gros gâteau indigeste du Sacré-Cœur. On a les vélos. On attend la suite.

Vous avez également la liberté d'user de votre engin comme vous le voulez. Disputer des courses obéit à ce que Bergson nomme le « rapport du moi concret à l'acte qu'il accomplit ». Entreprendre le tour ou la traversée d'un territoire recourt à la même logique. Se promener tranquillement en est une autre expression. Pourquoi ne pas élargir ses facultés dans des balades où la bicyclette apparaît plutôt comme alibi pour évoluer à l'air libre ?

Il est bien connu que l'on n'imagine guère une liberté sans contrainte. La maréchaussée a vocation à y veiller. Sans vouloir l'accabler, force est de constater qu'elle se laisse aller et que l'on peut la surprendre en flagrant délit d'autorité aveugle et de planche à billets forfaitaire. Ainsi le dimanche midi où je me suis fait arrêter face à la gare de l'Est par quatre pandores sortis d'une voiture de police, la main sur la crosse de leur arme, m'aboyant de m'arrêter, alors même que j'avais attendu que les feux du boulevard Magenta fussent passés au rouge pour le traverser sans risque, me menaçant de procès-verbaux puis d'une détention que je jugeais arbitraires, prenant les mots *habeas corpus* pour une injure, finissant de m'encercler, disposés à me faire ma fête quand un appel en urgence les rappela à la réalité.

À vélo, c'est la roue qui est libre. Elle est fixée à la roue arrière et permet de choisir le développement adéquat. Ma liberté est alors de tirer en force ou de mouliner. Mais c'est davantage la route qui l'est, libre, ouverte, non pas la simple possibilité de prendre à droite ou à gauche au premier croisement, mais comme horizon. Elle fonde la liberté en acte.

Volonté

La volonté n'est pas seulement liée à la liberté et à la connaissance qui la fonde.

Qu'il en faille pour s'entraîner ou pour se lancer dans des expéditions n'a rien d'étonnant. Il s'agit de résolution, d'une volonté qui s'inscrit dans la durée, ça tombe bien, et qu'elle aboutisse à un résultat. Dans la troisième partie du *Discours de la méthode*, la deuxième maxime nous est destinée : comme les voyageurs perdus en forêt qui ne doivent pas errer, mais choisir une direction et s'y tenir.

Par ailleurs, la volonté a partie liée avec le désir, mais elle n'en garde pas moins son autonomie – quoi qu'en ait Kant.

Dans son ouvrage majeur et plusieurs fois remanié, *Le Monde comme volonté et comme représentation*, Schopenhauer mettait en avant l'expérience du « corps propre » et définissait son concept de volonté de vivre comme un pléonasme. Le cycliste y souscrit.

Vérité

C'est par défaut que je place sous le signe de la vérité ce qui a trait au mensonge des individus et à l'hypocrisie d'un système, quelle que soit la volonté de certains de l'amender. La question du dopage empoisonne le sport cycliste. On ne peut pas l'esquiver. Formuler des vœux pieux et des vérités toutes faites n'a toutefois guère d'intérêt.

Le dopage a toujours existé. Le mot compte à peine plus d'un siècle, né avec la compétition cycliste, venu du lexique équestre, c'est-à-dire des courses de chevaux, donc des paris, soumis à la logique plus ou moins implacable et douteuse des livres sterling et des francs germinal. Il a parfois été un simple stimulant, parfois un remontant bizarre, comme le cocktail qui avait poussé Fischer, *alias* le Grimpeur, à une époque où le patron du Tour n'avait pas encore inventé les cols, à monter dans un arbre dont il refusait de redescendre. En juillet 1924, le coup de gueule des frères Pélissier rompit avec les propos lénifiants et trouva une caisse de résonance dans *Le Petit Parisien*. Après son réquisitoire contre le bagne et le cynisme colonial, Albert Londres dénonçait le sort réservé aux forçats de la route. L'article révélait au grand jour les fioles de cocaïne pour les yeux, les flacons de chloroforme pour les gencives, les boîtes de pilules pour les jambes et le cœur.

Avec le recul, j'aime le détachement d'Anquetil qui prenait la question de haut, et je m'en tiens à la devise commode qui me permet de continuer à rêver aux exploits des champions de mon enfance. Hier, à petite pharmacopée grands exploits ! Aujourd'hui, à grande pharmacopée petits exploits ! Pourquoi ne pas admettre les adjuvants et les sirops ? Après tout, j'ai beaucoup roulé au café, au cappuccino et au thé froid. Quant aux amphétamines, autant s'en dispenser, mais reconnaissons qu'elles sont radicalement différentes des trafics sanguins et des manipulations biologiques.

Je n'ai pas oublié l'entretien publié il y a trente ans dans *L'Équipe*, où un coureur, Alain Meslet si j'ai bonne mémoire, avouait avoir été effrayé une nuit de voir, à l'œil nu, dans la glace de l'armoire de sa chambre, son corps se transformer sous l'effet d'une piqûre. Il n'y aurait rien à ajouter.

Si le grec *pseudos* laisse l'indistinction entre le faux, l'erreur et le mensonge, en revanche le latin propose le doublet *fallax* / *mendax*, « celui qui tombe dans l'erreur » / « celui qui ment ». Le *fallax* se trompe et, par voie de conséquence, se ment. Le *mendax* ment sciemment. Cela dit, on peut toujours se demander dans quelle mesure l'addiction entrave son libre arbitre.

À tout hasard : il me semble que la question ne relève pas étroitement de la morale, qui se place sur le terrain miné du bien et du mal. Elle relèverait plutôt de l'éthique et d'un devoir qui se mesure moins en termes de *have to* qu'en termes de *must*, apte à nous reconduire, par le biais de l'impératif catégorique, à la liberté.

Finitude

Le mot finitude a le même âge que le mot dopage, au moins en français. Il a davantage d'ancienneté en anglais, d'où il vient, comme *finish*. C'était en 1644, il restait un lustre à Charles Ier avant d'accomplir son destin, la tête tranchée sur le billot. Il signifie le fait d'être borné, limité par la mort, mais pas seulement.

La finitude serait un autre nom de la fatigue. Autrement, elle évoquerait le clinamen de Lucrèce ; l'inclinaison (tant que les jambes sont là, je peux pédaler à l'envi), la déclinaison, le *décroît* de Montaigne (il faut se faire à l'idée qu'un jour les jambes ne seront plus à la hauteur, que je ne pourrai plus pédaler de bon cœur).

Le rire s'impose comme remède à la finitude – le rire de bon goût c'est mieux, mais je ne résiste pas toujours au rire de mauvais goût. On sait qu'assez mystérieusement un cycliste est une pédale. Le dictionnaire précise que « cet emploi est limité par le sens II et donne lieu à plaisanterie ». René Fallet rapporte ce trait d'esprit de Tristan Bernard, directeur du vélodrome Buffalo, qui justifie ainsi sa présence ici. Un jour, il rend visite à Maurice Ravel, il sonne à la porte, le majordome ouvre :

« C'est pour le maître ?

– Oh non ! Seulement pour le voir ! »

C'est peut-être le même chauffard qui m'a traité de pédé et qui a renversé et tué Louis Nucera le 9 août 2000.

Lui, je ne l'ai jamais rencontré, mais je porte l'un de ses maillots qu'un jour de fête Suzanne Nucera m'a remis. Il est jaune et noir. Je relis de temps à autre *Mes rayons de soleil*, qu'il n'arrivait pas à terminer : « Je n'en finirai pas, non plus de rêver, comme je n'en finirai pas d'écrire ce livre », ajoutant que le seul terme est celui que « le destin place à toute existence », puis que « le spectacle du monde continuera bien un jour sans nous mais, puisque l'on y est, autant y puiser nos petites parts de volupté ».

J'aime cette sagesse. Je pense de temps à autre à Nucera, et qu'il a su goûter *à* la plénitude sur les routes où, en étant au monde, on n'est jamais autant *à soi*. Cette plénitude est l'exact contrepoint et le contrepoids nécessaire à ce sentiment de finitude, voire de contingence qui nous assigne.

Philosophie

Encore une fois, la boucle est bouclée.

Plus exactement, elle est sur le point d'être bouclée. On ne saurait négliger les derniers instants, les derniers hectomètres avant le baisser de rideau sur le brouillamini des météores et des concepts qui épatait M. Jourdain.

En fait, on aimerait qu'elle ne soit jamais bouclée. On aimerait repartir et – tant qu'on le peut – on repart. À la boucle, j'ai d'ailleurs substitué la diagonale, qui donne l'illusion de quelque chose d'ouvert – même si tout n'a qu'un temps.

À ce point, je m'en voudrais de ne pas rapporter ceci : lors d'une sortie dominicale en peloton, je fais part à Néné de cette question essentielle qui me taraude : jusqu'à quel âge continuer le vélo à ce rythme ? Et alors Néné, bon coureur, ouvrier chauffagiste à la retraite depuis trois semaines, de la voix gouailleuse du titi parisien, me répond : « Écoute, Nanar, ON NE PEUT PAS ÊTRE ET AVOIR ÉTÉ. » Moi qui me tue à rêver le contraire, j'en reste confondu.

En tout cas, si ma philosophie est petite, c'est qu'elle n'a pas les moyens de rivaliser avec la grande, qui manie avec art les concepts. C'est aussi parce qu'elle est brève. Elle aimerait être mince comme le je-ne-sais-quoi et le presque-rien de Jankélévitch, comme le fugace qui nous saisit à vélo et nous trace le chemin. Elle ne délivre ni axiome ni message, au mieux un brevet d'apprentissage prêt à se muer en vade-mecum, puisque petite elle ne pèse pas trop lourd.

TABLE

Cet ouvrage a été mis en pages par Pixellence
59100 Roubaix

N° d'édition : L.01EHQN001109.N001
Dépôt légal : juin 2019
Imprimé en Espagne par Novoprint (Barcelone)

Proof

Made in the USA
Charleston, SC
13 January 2013